本著作系山东省教育科学"十四五"规划课题--职业教育重点课题"高质量发展背景下零售专业（群）设置与建设研究"成果之一，课题编号：2021ZD026

高质量发展背景下新零售行业发展趋势与人才培养研究

李莉莉　梁美丽　李国丽　著

中国商业出版社

图书在版编目（CIP）数据

高质量发展背景下新零售行业发展趋势与人才培养研究／李莉莉，梁美丽，李国丽著. -- 北京：中国商业出版社，2023.7

ISBN 978-7-5208-2588-7

Ⅰ.①高… Ⅱ.①李…②梁…③李… Ⅲ.①零售业-商业经营-研究-中国②零售业-人才培养-研究-中国 Ⅳ.①F724.2

中国国家版本馆 CIP 数据核字（2023）第 155752 号

责任编辑：黄世嘉

中国商业出版社出版发行
（www.zgsycb.com　100053　北京广安门内报国寺1号）
总编室：010-63180647　编辑室：010-63033100
发行部：010-83120835/8286
新华书店经销
北京虎彩文化传播有限公司印刷

*

710毫米×1000毫米　16开　13.25印张　217千字
2023年7月第1版　2023年7月第1次印刷
定价：50.00元

* * * *

（如有印装质量问题可更换）

前 言

近年来,传统的线下企业因为电商的迅速发展,导致整体效益进入下行状态,而根植于网络的电子商务总量增长也有放缓的趋势。线上和线下商家的发展都陷入瓶颈期,谋求变革与新的增长成了两者共同的需求,覆盖多种渠道的新零售体系的出现,似乎成了打赢这场零售革命的有力武器,一大批新零售的品牌正如雨后春笋般出现在市场上。

随着信息技术和网络经济的快速发展,网络消费已逐渐成为居民消费的主要渠道,传统零售业受到巨大冲击,而新零售业则迅速发展,如何促使新零售业高质量发展成为各界关注的重要问题。本书从零售与新零售基础介绍入手,针对零售的根基、新零售的特点、新零售的发展进行了分析;另外介绍了对智能新零售中应用的新技术,新零售的场景化、生态化与垂直化,新零售背景下的新营销模式;剖析了高质量发展背景下新零售模式的运营、新零售行业的商业趋势、新零售行业专业人才培养。通过研究分析,旨在摸索出一条适合高质量发展背景下新零售行业发展与人才培养的科学道路,帮助零售行业的从业者在应用中少走弯路,运用科学方法,提高行业发展与人才培养效率,对高质量发展背景下新零售行业发展与专业人才培养研究提供借鉴。

本书由烟台工程职业技术学院李莉莉[①],梁美丽[②],李国丽[③]编写,本

[①] 李莉莉,女,烟台工程职业技术学院经济管理系副主任、教授,研究方向:电子商务、新零售教学研究与实践等。
[②] 梁美丽,女,烟台工程职业技术学院经济管理系市场营销专业教师、副教授,研究方向:消费者行为分析、新媒体营销等。
[③] 李国丽,女,烟台工程职业技术学院经济管理系电子商务专业教师、讲师,研究方向:电子商务数据分析与实践等。

书在策划和编写过程中,曾参阅了国内外有关的文献和资料,从中得到启示;同时也得到了有关领导、同事、朋友及学生的大力支持与帮助。在此致以衷心的感谢。由于作者学识水平和时间所限,书中难免存在一些不足,敬请同行、读者指正,以便进一步完善、提高。

李莉莉
2023 年 1 月

目录

第一章 零售与新零售 ... 1
第一节 零售的根基 ... 2
第二节 新零售的特点 ... 17
第三节 新零售的发展 ... 24

第二章 智能新零售中应用的新技术 ... 29
第一节 智能新零售的概念内涵 ... 30
第二节 智能新零售中的新技术 ... 44
第三节 智能新零售的未来 ... 59

第三章 新零售的场景化、生态化与垂直化 ... 69
第一节 新零售的场景化 ... 70
第二节 新零售的生态化 ... 83
第三节 新零售的垂直化 ... 95

第四章 新零售背景下的新营销模式 ... 103
第一节 全域营销 ... 104
第二节 跨界营销 ... 112
第三节 微营销 ... 117
第四节 社群营销 ... 124

第五章 高质量发展背景下新零售模式的运营 ... 131
第一节 基于信息化的零售运营 ... 132

第二节　搭建智能化的购物体验……………………… 138
　　第三节　实现智慧时代无人零售…………………………… 144

第六章　高质量发展背景下新零售行业的商业趋势……… 151
　　第一节　共享新零售……………………………………… 152
　　第二节　社交新零售……………………………………… 158
　　第三节　红人电商零售…………………………………… 165

第七章　高质量发展背景下新零售行业专业群人才培养
　　　　………………………………………………………… 175
　　第一节　创新专业人才培养模式………………………… 176
　　第二节　全国高职院校新零售专业设置以及课程设计
　　　　　　调研报告………………………………………… 196

参考文献……………………………………………………… 205

第一章

零售与新零售

第一节　零售的根基

一、零售的概念

（一）客户与市场

在本书中，我们多处使用"客户"这个概念。为什么是客户，而不是消费者呢？有时候客户并不是直接消费的人，比如人们给宠物买衣服，给孩子买衣服，给父母或者朋友买礼物。这两个角色有可能是同一个人，也有可能不是。客户代表了做决策和购买的人，消费者是最终的使用者。

要影响新客户的购买决策，需要跟客户建立起一定的联系，比如初次购买的实现是因为客户在某个地方看到过你的广告，或者你的门店就在他经过的地方。客户初次购买之后，获得了良好的购物体验、消费体验，有很大可能性会持续进行购买。

客户有各种各样的需求，具有相同需求的客户合起来，就构成了买方市场。零售商提供了卖方市场，让有需求的客户和所需要的物品发生接触。在线下零售的场景下，客户和真实的商品在物理门店里发生接触，客户进行选择和购买。在电商零售的场景下，客户在线上门店与商品的数字化信息（视频、图片、文字）发生接触，进行选择和购买。

要服务好市场上的客户，把东西卖出去，需要从这几个因素着手：一是心理覆盖，即和客户建立联结，并让他记住你。二是数字世界覆盖，即让客户在数字化的世界里能找到。三是物理覆盖，即在物理世界里让客户能找到你。

（二）销售如何发生

"覆盖"决定了有多少目标客户能与商品发生接触，"周转速度"决定了销售的速度，两者相结合决定了销售的好坏。

在周转速度一定的情况下，覆盖越广销售规模就越大；同理，在覆盖程度一定的情况下，周转速度越快销售规模就越大。以某零售商为例，它有 100 个门店，每个门店每月平均销售收入为 20 万元，每月总的销售收入就是 2000 万元（100×20）。如果它在不同的区域开 100 个类似的门店，总的销售收入就很有可能会扩大一倍。同样，如果门店数量不变，但每个月单店平均销售收入提高到 40 万元，总的销售收入也会扩大一倍。

月均销售收入由老品和新品共同构成，如果所经营的商品生命周期长，如超市和便利店所经营的品类，或者可以卖很长时间的基本款服饰，大多数都是成熟的老品，那么它们的销售速度就决定了月均销售收入。但如果所经营的商品生命周期很短，如时尚服装、饰品、新潮电子产品，靠不断引入新品来刺激消费，那么新老品的更迭速度就非常重要。由于技术、经济的发展和进步，满足客户需求的方式也在不断发生变化，在 20 世纪 90 年代人们进行跨地域沟通主要靠长途电话或者书信，现在基本全靠手机，这就产生了对手机的需求，也衍生出对手机屏幕保护膜、保护壳的需求。人们在成长过程中，处于人生的不同阶段，对用来满足同样需求的商品的要求也在发生变化。比如，人们年轻单身的时候追求时尚着装，成家立业后慢慢地趋于选择成熟稳重的着装方式。零售供应链上的商家，能以多快的速度与目标市场进行对焦，提供市场需要的商品，决定了未来的周转速度，一旦和市场对焦出现问题，周转速度就会出现问题。

用战争来做类比，覆盖决定了火力覆盖的区域，周转速度决定了火力的密集程度；覆盖得越广，火力越密集，对物资的需求量越大。

（三）覆盖

为了让客户购买你所经营的商品，首先需要通过心理覆盖让他有需求时能想到你。然后通过数字世界覆盖和物理覆盖，让他能找得到你。零售供应链上的三个参与方，品牌商、渠道商、零售商，都需要面对和解决好这三种覆盖。这三种覆盖既有先后顺序，同时又相互影响。

1. 心理覆盖

站在品牌商的角度，要让自己的产品卖得更好，需要让客户对品牌和产品有所认知。客户与品牌接触时是靠自己的认识来判断品牌形象的，而这种认识要么来自广告，要么来自实际的购买和使用体验，要么来自他人的推荐。广告我们都比较熟悉，如在电视、报纸、杂志等媒体上投放广告，让客户能够看到并记住。在数字化时代，线上广告投放已经是主流的投放方式。如果说广告是"虚的",那么体验则是品牌商与客户构建的实实在在的联系,体验的好坏直接影响心理覆盖的程度。如果有100个客户看到广告,愿意购买,但其中10个产生了不良的体验,那么心理覆盖很有可能就由100变成90了,实际上这10个客户还会传播这种不好的体验,造成更多的客户脱离品牌好不容易建立的心理覆盖。传播则是体验非常好的客户认可品牌形象和对品牌的赞扬,这种赞扬的效果要比广告好得多。我们经常讲的会员管理,其实也是通过服务好会员,让他们形成稳定的心理覆盖,进而形成复购。现在比较流行的"私域流量"的说法,本质上就是要建立客户与品牌的私密甚至封闭式的互动,形成闭环的心理覆盖,提高客户的长期价值,使客户成为品牌的专属"资产"。

站在渠道商的角度,它们往往名不见经传,比如大家都知道宝洁公司,但没有几个人知道宝洁背后规模巨大的渠道商,更不用说服务于宝洁的中小渠道商了。渠道商的心理覆盖,更多是通过提供高性价比的商品来服务好零售商,与零售商构建长期的合作关系,这样零售商有需求的时候会倾向于和它合作。这里面的服务包含了非常重要的供应链指标——服务水平,比如渠道商按时足量交货的比例。假如有两个渠道商甲和乙,经营类似的商品,服务同一个零售商,甲的按时足量交货率只有30%,也就是说100次中只有30次能按期足量把货供上,而乙可以做到90%。如果该商品对于零售商非常重要,频繁缺货会影响到它的客户的体验,这时哪怕乙的报价比甲高,零售商也应该选择它。除此之外,账期、物流速度、商品质量也影响着渠道商对零售商的心理覆盖程度。

站在零售商的角度,它们直接面对客户进行销售,有三个因素会影响它们对客户的心理覆盖:一是零售商的品牌形象,其逻辑与品牌商的心理覆盖类似。二是便捷程度,这与和客户的距离或者商品触达客户所需要的时间有关。距离客户越远,心理覆盖会越弱。三是商品组合,即是不是提供了客户需要的商品。对于大多数小规模的零售商比如夫妻店来说,第二点、第三点更重要;对于大中型的零售商来说,这三者同等重要。

2. 数字世界覆盖

在客户从线下迁移到线上的浪潮中,线上客户占比越来越高,企业不做数字世界的覆盖,很可能会导致这部分客户流失。

站在零售商的角度,在数字世界开展经营,商品在多少个在线渠道进行销售、有多少目标客户能够访问到、访问是否方便，很大程度决定着销售的好坏。随着客户在数字世界花费的时间越来越多，除了传统的天猫、淘宝、京东、唯品会等电商平台，还出现了诸如拼多多、小红书、微博、微信商城、抖音、快手等覆盖手段。这些手段中既有对产品进行营销的内容平台，也有能够直接购买的电商渠道。

线上零售有一个非常重要的概念叫作"流量"，即线上零售商通过向特定人群投放广告，购买首页的广告位、展示位或者某个栏目里的优先展示位，请知名博主或意见领袖介绍和转发产品介绍内容，来获得客户的关注和点击，让更多线上的目标客户到门店浏览和购买。这些数字世界的覆盖方式，打破了地域的限制，可以触达全国各个区域的客户。

站在渠道商的角度，现在出现了越来越多的B2B交易平台，它们连接起品牌商或渠道商和零售商，是渠道商的新形态。如阿里的零售通、京东的新通路，品牌商或者渠道商把自己经营的商品放到这类平台上进行销售。平台上的中小零售商、夫妻店直接在线订购这些商品。随着采购数字化程度的提高，这将成为渠道商数字世界覆盖的重要方式。

站在品牌商的角度，如果它开展在线直接面向最终客户的销售活动，数字世界覆盖与零售商相差无几。但如果不开展在线销售，仅仅是在线投放广告，数字世界覆盖就变成了广告和传播的媒介。

3. 物理覆盖

站在品牌商和渠道商的角度，物理覆盖是指"货"的物理覆盖。以快消品为例，首先是对某个区域的覆盖，接着是覆盖了该区域里的哪些省、哪些市、哪些零售商，覆盖了零售商的多少个门店，覆盖了这些门店的多大货架空间。覆盖的区域越广，可能产生的销售就越多，但同时所需要的供应资源也会越多。

品牌商在选择要进入的区域时，可以从购买渗透率的角度进行分析。A区域现有的购买渗透率为20%（现有购买人数占人口基数的比例），还比较低，通过合理的市场营销手段，该品牌有可能做到12%的品牌渗透率，A区域的竞争并不激烈，根据这些数据可以估算出在A区域能做到每个月2.4亿元的销售收入。相反，B区域现有的购买渗透率高达40%，属于竞争很充分的区域，预计进入后品牌渗透率只能做到5%，根据这些数据可以估算出在B区域可以做到每个月1.2亿元的销售收入。

不同区域内的零售商有不同的构成，有大型连锁零售商、中小型零售商、个体户，并且不同零售商的门店数量和面积也不一样。品牌商或渠道商经营的商品覆盖了多少个大型零售商的多少个门店，大店多少个，小店多少个，覆盖了门店的多大货架空间，决定了有多少目标客户能够与其经营的商品发生接触。比如对于软饮料品牌商，将商品放到华润万家全国的门店销售，与放到某个区域的连锁商超销售，覆盖程度是不同的。为此，品牌商和渠道商需要用量化的方式来分析物理覆盖的程度。假设有四种商品，分别覆盖了同一个区域内的若干个门店。其中，覆盖率是指覆盖门店数除以区域内的总门店数，加权覆盖率是指（覆盖门店数×门店销售收入）/所有门店销售收入之和。门店是生而不平等的，单纯从产品所覆盖的门店的比例看，看不出门店之间的差别。有的门店每月能销售100万元，有的能销售1000万元，一般认为销售收入越高的门店，它对应的客流更多、条件更好，所占的覆盖率权重应该更高。即便如此，将总销售收入作为权重还是有欺骗性，有可能虽然总销售收入很高，但是这种商品所属的品类的销售收入占比并不高，导致了不公平的权重。因此，用品类加权覆盖率能比较好地解决这个问题，它等于（覆盖门店数×品类销售收入）/品类总销售收入。通过这样的分析，品牌商或渠道商可以分析商品在某个区域覆盖的程度，进而决定接下来的市场策略。

站在零售商的角度，如果是线下零售，物理覆盖是指门店覆盖了多少区域；如果是线上零售，物理覆盖是指仓库覆盖了多少区域。虽然线上零售看起来不需要商品现货，只要有商品的图片、文本、视频介绍即可，但实际上为了能够让在线订单快速被交付，让客户快速拿到商品，零售商需要把商品放到大大小小的仓库里。零售供应链重点要解决的就是物理覆盖的问题，即如何高效低成本地覆盖更多的市场。物理覆盖的程度是指目标客户所在的区域有多少个门店，门店的密度是多少，比如每100万人口的地方有多少个店，这决定了消费者遇见你的频率。如果每100万人口有100个店，即平均每1万人口有1个店，假设1万人经过门店的概率是20%，那么该店就有2000人的客流，客流量跟选址密切相关。

（四）周转速度

1. 市场对焦速度

当我们用数码相机拍照时，如果拍摄对象处于运动中，拍摄出来的照片往往会模糊不清，为了避免这个问题就需要用高速对焦和高速快门。零售供应链上也如此，市场千变万化，新一代的消费者与上一代相比差异较大，如果不快速捕捉、快速对焦，就很有可能失去客户。因对市场需求反应慢导致所经营的商品老化，从而倒闭的零售商、渠道商、品牌商比比皆是。要做到快速对焦，就需要有人、机制、方法去持续观察市场和客户。这项工作一般交给市场部门，它们结合内外部数据来分析目标客户要什么、不要什么，并适时调整市场和商品策略，对具体对焦速度的要求，也取决于所经营的产品的生命周期、更新迭代速度、竞争情况。比如，对卫生纸的市场对焦频率要求就要比季节性流行服饰低得多。

2. 销售速度

零售追求的是把商品卖出去，快速变成现金，然后再投入购买或生产新的商品，持续滚动。销售速度决定了资金回笼的速度，它是指单位时间内所发生的销售额的大小，销售速度越快代表赚钱速度越快。它与需求频率、包装规格、商品和需求匹配程度、促销有关。比如，快速消费品的消费频率比较高，而耐用消费品的消费频率比较低；大包装的商品单次的销售额高，但买一次可以用比较长的时间，小包装的销售额低一点，但用不了多长时间，需要频繁购买。商品和需求匹配程度高，适销对路，销售量会大一点，速度会快一点。促销的时候，销售会多一点，速度会快一点。

同样条件下，销售速度越快，则产生的销售收入越多。比如，同样的商品，有的门店一天卖5件，有的卖50件，所产生的销售收入就相差了近10倍。

不同的零售业态，其销售速度有不同的表现形式。例如，商超便利店、服饰专卖店看日均销售额；餐饮零售中由于提供了供客户消费即吃饭的场所，日均营业额是由客户就餐产生的，周转的客户越多营业额就越大，因此会用翻台率（每个餐桌每天平均服务几次）来考察它的周转速度。

3. 新老品更迭速度

对于生命周期短、依靠频繁上新品来刺激和满足消费者需求的商品，比如快时尚服饰、新潮电子产品，新老品的更迭速度直接影响着销售速度。

对于生命周期长的商品，虽然消费者不一定期待频繁的商品更新，但为了维持整体销售速度，企业也需要定期来复盘商品的销售情况，把卖得慢的商品淘汰，换成卖得快的商品。通过这样持续调整的方式，不断更迭商品，优化整体的销售速度。

（五）如何扩大销售战果

零售供应链上的三个参与方，为了持续地获得销售收入，要将覆盖和周转结合起来思考与应用。对于品牌商而言，如果一种商品销售得很好，那么为了扩大销售，就需要尽快将其覆盖更多的区域；如果一种商品销售得不好，那就需要让它退出市场，让出资源给新的商品；如果一种商品销售得一般，那就可以考虑换个区域试试。在部分区域建立品牌形象的品牌商，为了扩大销售，需要在覆盖上想办法，首先应建立更多区域的心理覆盖；其次通过加大物理覆盖，把商品放到更多区域的更多门店里。一个在部分城市建立品牌形象的零售商，为了扩大销售，需要通过进入新的城市、开设新的门店来扩大覆盖。

品牌商或渠道商如果在覆盖上已经饱和，没有空间，那就需要在周转上想办法，找到更适合客户的商品或者更多的适合细分客群的商品，维持或者加快销售速度。零售商也类似，为了维持或加快销售速度，它需要把门店里销售速度慢的商品逐步移出，加入销售速度快的商品或者有潜力的新品，并持续进行这样的操作。

零售供应链上的资源是有限的，物理覆盖越广，就需要开设越多的仓库、门店来做支撑，并且需要更多的库存。在覆盖有限的情况下，把周转做好，让产品卖得更好，也能获得销售的增长。

因此，为了扩大销售成果，我们需要研究掌握好以下四种情况，及时调整营销策略。一是如果资源充分，可以同时提升覆盖和周转，最终提升销售收入，比如让销售得很好的商品覆盖更多区域。二是面对总供应受到限制的情况，覆盖可以有所下降或维持不变，通过促销提升所覆盖区域的周转速度来提升销售收入。三是对于周转已经没办法提升，但还有供应的情况下，可以考虑扩大覆盖来提升销售收入，比如"市场下沉"，把一、二、三线城市已经卖不动的东西，覆盖到四至八线城市，来提升销售收入。四是最后一种情况，更多是属于实在卖不出去的商品所采取的策略，它不会带来销售收入的增长，属于撤退策略。

（六）持续让销售发生

任何企业开展经营都需要形成从心理覆盖到物理覆盖再到心理覆盖的

闭环，这样才能持续销售。要形成这样的闭环，就离不开可访问性、商品组合、体验的闭环。可访问性包含心理覆盖、物理覆盖、数字世界覆盖，是指客户能够多么方便地想到你和找到你，它能吸引客户进店，决定了客流的大小；商品组合是指选择什么类型的商品，并将它们组合起来满足客户需求，以及这些商品有什么特性（品质、特征、价格），有没有足够的库存，它能吸引客户浏览商品、选择购买自己需要的商品，决定了转化率（购买人数占进店人数的比例）的高低；体验包含购物前和购物时对门店视觉、环境、服务、商品使用、售后的感受，塑造了客户对整个品牌的感受，它能吸引客户继续进店购买或对品牌进行传播，决定了复购的比例。

在这样的零售机器的闭环运行过程中，物理覆盖和商品组合都离不开供应链。企业投入大量时间和资源在心理覆盖（营销）和数字世界覆盖（流量）上，其实这只是机器运行的第一步，没有供应链就不会有恰当的商品供应，销售就不会发生，更不用说复购了。

二、超强供应链

（一）供应链决定成败

真正的竞争不是企业之间的竞争，而是供应链的竞争。电子商务在过去几年风生水起，其根本原因是电商企业大大提高了供应链的效率。

电商供应链的战略思路大体是：商流、物流、信息流、资金流四流合一；制造、零售、物流三业联动；线上线下两线驱动；以用户价值为核心的一键服务。因此，未来供应链竞争的核心聚焦于三点：用户体验、成本和效率。

例如，京东未来将继续探索供应链的优化，把创意、设计、研发、制造、定价、营销、交易、仓储、配送、售后等环节环环相扣，致力于描绘出整个网络结构，补全市场软肋，充分发挥营销、交易、仓储、配送、售后作用，打造超强电商供应链。

信息时代，产品或服务开发及生产的速度以及对市场的反应能力是企业取得成功的关键。供应链升级意味着增强营销和生产灵活性，提高组织竞争力，它可以有效地提高企业在产品和服务方面的质量。在竞争激烈、利润微薄的今天，升级供应链意味着给企业增加大量的利润和市值。

（二）国内柔性供应链

以服装行业为例，从传统到现代，由工厂到平台的顺序分别是：为占据服装市场40%份额的传统批发商们提供代工服务的ODM/OEM；专门给中小品牌商、网红店铺提供生产对接的第三方柔性供应链平台；为中小网红、设计师提供设计与众包生产的微工厂；开放柔性供应链、打造电商生态圈的韩都衣舍模式。

1. 传统的批发商背后的ODM/OEM工厂，仍在快时尚领域中充当着重要角色

谈到传统批发商，国内首屈一指的就是广州十三行。据了解，十三行3000多家档口95%都是一手货源，中国女装散货中60%~70%出自十三行，十三行的新中国大厦2015年全年交易额达700亿元。

如此成绩，必然离不开十三行各个档口背后的工厂。这些档口部分是与工厂直接对接的，也有一部分是与代理商对接的。毗邻广州中大面料城以及海量服装加工厂的优势让十三行档口可以在2~3天内完成从设计、打版、生产到上架的一系列工作。

以服装行业为例，从传统到现代，由工厂到平台的顺序分别是：用占据服装市场40%份额的传统批发商打比方说，一个档口老板看到一款衣服很不错，就可以到距离仅15分钟车程的专业设计师处打版，对样衣进行适度修改，然后到不远处的面料城找到相应的面料，接着就可以在合作的工厂进行生产了。1~2天内就可以收到赶制好的成衣。如此效率，使得十三行在中国服装行业中的地位屹立不倒。

2. 针对淘品牌、网红店提供生产整合的辛巴达

辛巴达通过互联网平台，将10万个小作坊和小工厂连接起来，以最小订单量100件起，平均生产时间7.4天的高效率，为诸多品牌商提供生产服务。服务客户包括韩都衣舍、骆驼等品牌。

辛巴达主要通过网络化、系统化的算法来提升生产组织的效率，建立了一套供应链规则和匹配体系，比如100件小单对应小作坊，1万件订单对应中型工厂。支撑辛巴达平台运转的是"云""网""端"之间的协调和配合。

（1）云

大规模并行的产能管理、排产、派单以及实时的生产计划与生产管控，是生产的大数据平台。

（2）网

互联网服装生产交易平台"辛巴达橙蕉"正式上线，此外还包括业务流程管理平台辛巴达 Keys，以及哒哒物联网。

（3）端

辛巴达拥有生产管理 App、客户 App、供应链专家 App 等多个端口，通过云来调度数据，通过网和端实现生产的组织和匹配。

不过辛巴达目前还只停留在生产端，并没有将设计环节纳入整个供应链体系。

3. 以网红为服务对象的红衣微工厂

服务对象为中小网红和设计师的服装品牌。这些客户的订单单次生产量不大，但是要求制样工厂能快速反应，迅速打版出样，并可以迅速进行流水线作业。

传统服装品牌大多提前数月甚至半年将下一季度的服装样式确定下来，然后将样衣交给工厂进行大规模流水线作业。不管是样衣工厂还是设计师都有充足的反应时间。对于传统样衣打版工作室来说，一件衣服从设计，不断改版，再到生产出样衣只需要 2~3 个月的时间。

然而，随着消费需求的变化，"快速反应、迅速上新"的快时尚产品牌商追求的目标。在这样的大环境下，红衣微工厂选择中小型的网红店铺以及设计师品牌店铺作为服务对象，主要基于以下考虑：

（1）这些店铺大多不会培养一个设计师团队，尤其是中小网红店，自己不会设计，也看不懂设计图。同时，这些店铺单次生产量都很少，有设计能力的工厂不愿意接这种小订单，而没有设计能力的工厂又接不了这样的单子。

（2）红衣微工厂相当于一个有设计能力的、众包生产的服务商。依托自己开发的一套设计系统，可以将以前的设计步骤系统化，在每个步骤下与客户进行沟通，不需要客户懂设计图。这样下来，两个版次就基本可以敲定一个样本。

红衣微工厂依靠自己运营的打样工厂，将从设计到打版这个环节的时长缩短至 10 天，然后再将样衣流水化生产作业任务分配给合作的 OEM 工厂。

这些工厂之所以愿意接单，一方面由于人力成本上涨，国内市场上大批量订单数量整体下降，不得不转型。另一方面，制衣行业传统上存在大额拖账的现象，给企业资金流转带来很大压力，而快时尚订单基本不拖账，都是按时现金结款。

（3）红衣微工厂的主要盈利方式包括通过设计、制作样衣获取的版费和生产大货时的加工费分成。版费并不是收入的核心，主要盈利来源于加工费分成。

其实，红衣微工厂只是整个快时尚柔性供应链的一个小小缩影。当前，在快时尚领域还有很多做得比较好的柔性供应链公司。

随着个性化、潮流化成为服装消费的主流，各大品牌必然需要可以快速打版、迅速出款、小批量生产、后期可迅速补货的柔性供应链。需求倒逼产业升级，正是这类企业与时俱进，才为服装供应链转型升级创造了巨大机遇。

4. 韩都衣舍开放性柔性供应链，打造电商生态圈

韩都衣舍每年上线近 3 万个新款，返单率高达 40%，在电商领域的产品采购方面积累了丰富的经验，并独立创建了一套完整的体系。目前，韩都衣舍已经具备了对外输出服务的能力，并于 2015 年正式对外开放柔性供应链。

（1）柔性实力的见证

韩都衣舍联合优秀供应商共同打造的柔性供应链到底有多强大？下面用韩都衣舍的销售模式来间接证明。以韩都衣舍为代表的品牌电商，每款服装的首单规模都很小，只有计划单量的 30%，也就是三五百件。新款上线后，品牌商能够通过后台数据在最短的时间内分析出爆旺款和平滞款。平滞款会在第一时间打折处理，而爆旺款则会在第一时间追加订单，这就是业内常说的"返单"。爆旺款的返单"深度"会增加，为几千件。爆旺款销售持续，需要货源充足，所以要求服装加工商在组织生产的时候做到高效，在 7~10 天将产品送达韩都衣舍仓库。

（2）供应链如何炼成

像连衣裙、T 恤衫、牛仔裤等专业类目，在全国范围内寻找最专业的集群地。这种地方要有丰富的劳动力，还要有配套的优质面料辅料供应。

以前的方式是，派出一批过程管理人员在那里驻点，寻找三五十家生产商合作，让它们拼价格、拼质量、拼效率。

现在的方式是，发现这样的区域，要细致考察、甄选，只与其中最好

的三家合作，联手整合这个区域的资源。

（3）合作方式如何

比如，针对某个款式，韩都衣舍一年可提供 3000 万元的订单。那么由韩都衣舍提供标准，如打版人员的配置、缝制人员的配置、原材料物料配置等。至于付款周期、供应商的毛利率等，双方都可以坐下来谈，最终达成在规模成长前提下的利润分享模式、报价模式和合作模式。

一旦谈拢，双方就开始嵌入式合作、培育式合作。有时品牌商还会根据自身的发展需求，为供应商提供升级培训，要求供应商设管理岗，以满足在整个生产流程过程中所需要的人力资源配备。韩都衣舍会把供应商的人力资源配备与它们掌握的原材料市场、加工工厂的产能进行分析对比。一方面，每年近 3 万个新款产品能够如期交货，满足了电商快速高效的需求，同时产品品质不断提高。另一方面，针对部分优秀供应商，韩都衣舍可以实施免检，甚至连数量都不用盘点，直接与供应商进行数据对接。因为这些供应商的要求非常严格，残次品流出的概率非常小。

（4）打造电商生态圈

经过几十年的发展，不少传统企业都有了完整的产业配套，早已经形成了成熟的产业生态。但作为新生事物的电商，尚没有形成赖以生存、成长与发展的生态环境。目前看来，在服装产业中，大批量订单的生产依旧是行业主流，小品牌电商的小订单生产加工，很难获得优秀服装生产商的青睐。因此，加入韩都衣舍柔性供应链，就相当于融入了韩都衣舍一年近 3 万款的订单体系中，形成了多款、少量的规模优势，有了与优秀供应商的合作机会，在保证高效的同时，能获得高品质的产品。

从这个意义上看，韩都衣舍柔性供应链对外开放，对整个服装品牌电商所产生的价值远远高于韩都衣舍企业自身的盈利价值。韩都衣舍此举的实质，就是解决了品牌电商的产业配套问题，为中小电商企业营造了生存、成长与发展的生态环境。短时间内，以韩都衣舍为代表的电商领导品牌能够构建出一个大的生态圈。而围绕这个生态圈，就能形成一个良性发展的电商产业集群。

在经历了单品牌运营、多品牌运营、时尚品牌孵化平台等阶段后，韩都衣舍已经建成供应链系统、中央仓储系统、客服系统、智能管理系统、营销系统、品牌设计系统与集成服务系统的七大系统。韩都衣舍面向社会开放这七大系统，以"韩都衣舍+"的形式，打造垂直型、专业级的互联网时尚品牌生态系统。韩都衣舍"智汇蓝海互联网品牌孵化基地"则是互联网时尚品牌生态系统的主要承接平台。"智汇蓝海"依托韩都衣舍的互联网时尚品牌生态系统，优化配置专业资源，对互联网品牌提供孵化和提升服务。

近年来，不少国内外品牌也都在对自己的供应链进行柔性化改造，例如，海澜之家、森马在不断进行供应链柔性化改造，其经验具有借鉴意义。

（三）未来方向：区块链与物联网结合

物联网和区块链的结合正蓄势待发，创业公司和科技巨头都非常看好其前景。

与当前使用中心化系统的物联网不同，使用区块链技术的物联网采用标准化的点对点通信模型来处理设备间的货物交易，有效地削减了设立和维护大型数据中心的费用，将计算需求和存储需求去中心化存储，将避免因节点失败而导致的整个零售网络的崩溃。

科技公司正试图将区块链技术与物联网技术结合，解决物联网的规模化问题。二者相结合后，不需要传统的昂贵资源就可以让数以十亿元计的设备共享一个网络，同时也提供了一个标准，让每个人享有平等的权益，可以化解不同供应商间的冲突，并打通 M2M（机器对机器）的通信。

物联网的发展还处于起步阶段，可以确定的是，区块链能够帮助物联网变得更加安全和可持续。零售行业未来的变革，将建立在与物联网全面结合的基础上，而物联网未来的变革，将建立在与区块链全面结合的基础上。

未来区块链应用企业和研究机构会加大合作，发挥各自资源优势，共同推进区块链技术在零售供应链的商业化应用，在供应链溯源防伪、自动化智能合约、订单履约追踪等方面开展有益探索和尝试，打造更加真实、安全、高效的零售智慧供应链。

四、新零售的工具

（一）新零售工具的由来

新零售的本质是一种服务场景，这个场景有人、货、场三大元素。在新零售时代，零售的本质并没有改变，只是使用新的工具、手段和方法来进一步提升用户体验和运营效率，形成更加丰富立体的零售场景。而能否运用好互联网这个工具，也是新零售发展的一个至关重要因素。

零售行业万变不离其宗。新零售企业结合自身情况，基本从以下三个方面来建设切实有用的新零售系统。

1. 以消费者为核心

传统零售中说的人、货、场，在新零售时代将有巨大的改变。就人而言，零售活动的参与者可以分为两类。一类属于销售体系，如导购、店长。过去导购数量是固定的，新零售时代则并非如此，企业可以雇用编外导购，帮助品牌传播，他们大多是从消费者转化而来。另一类是消费者以及潜在消费者，未来门店更像是一个中心店，要覆盖周边五公里范围内的社群，企业所需要考虑的不仅仅是到店率，更重要的是门店覆盖的人群数量。

就货而言，商品开始从"有限"商品变为"无限"商品。例如，一家生产羽绒服的工厂，原来在工厂店中只能卖这些单季货品，结合互联网后可以扩展销售的商品和品类则是无限的。

就此而言，以前大家都在门店买东西，后来随着电子商务的发展，消费者可以在PC终端上购买，现在发展到移动互联时代，还可以通过登录微商城选购。与以往的购物方式相比，借助移动终端进行消费的最大特点是交互。未来VR/AR等技术的普及应用，则将大大丰富购物场景。

2. 以数据为驱动

不难发现，近几年上市企业（包含新三板）中零售企业占比较少，主要原因就在于零售企业数据的缺乏。正如日常看病就诊时，医生会先让我们做检查，再通过数据指标判断病情。同样，资本方不一定有零售行业相关经验，但他们能理解数据，任何计划上市的企业都要披露相关数据：多少家店、直营加盟占比、盈利情况、VIP数量、潜在消费者等。经营者应反思自己在多年的零售活动中是否掌握了完整的数据信息，特别是潜在客户数据，毕竟潜在客户是决定企业未来销售增量的关键因素。

3. 以技术为载体

在新零售的业态中，供应链的重新整合是最关键的领域，对全面运用数据发挥着重要作用，因此，第三方信息整合公司扮演着相当重要的角色。新零售必然需要一个支撑运营、帮助形成完整经营体系的载体（技术系统）。

事实上，传统零售商想要建设新零售运营体系时，首先应关注技术系统。技术系统不能直接为企业带来利润，但是作为新零售的工具，是打造成熟运营体系的基础。而只有成熟的运营体系，才能帮助企业实现盈利。

（二）新零售工具的作用

一个好的新零售工具，必须解决传统零售存在的痛点。因此，选择适合自己的新零售工具对于零售转型成功至关重要。

1. 传统零售迫切需要新零售工具解决八大痛点

（1）如何实现多终端收银统一管理。

（2）如何考核业务员的业绩。

（3）如何统一管理多渠道下的订单。

（4）如何应对有店铺没流量、商家与会员没有互动、客户满意但没有分享传播的现象。

（5）如何改善缺货、断货、调货麻烦的现状。

（6）如何积累百万粉丝，如何沉淀老客户。

（7）如何降低成本投入，实现业绩增长。

（8）如何在不增加成本的前提下，发展更多的渠道。

2. 如何将传统零售转变为新零售

新零售需要移动为先，线下为主，线上为辅。要将地面店改造为数字化商店，通过移动端把地面消费的流量转换为数字消费的流量，与纯互联网电商公司建立差异性的竞争策略。数字化商店应具有以下五大新功能。

（1）兴趣激发。让需求可以随时随地被唤醒，随时随地延伸消费者的兴趣，加速进入信息收集的阶段。

（2）信息互动。碎片化查询让信息收集更充分，移动位置服务即LBS技术可以推送与消费者更加相关的信息，提供更多的选择。

（3）决策转化。支持随时随地进行比较，消除隐患，给予消费者信心。

（4）行动便捷。使顾客快捷获得价格与折扣信息、商品位置、联系方式信息，加速推动便捷支付。

（5）分享传播。顾客可以随时随地分享，方便评论互动。

在网络时代，新零售工具基于数据沉淀技术，让商家的运营效率得到了极大的提升，让流量更精准，转化更高效，支付更便捷。商家可以更直接地运营自己的粉丝群，实现聚焦体验、繁荣生态、门店赋能和消费升级。新零售工具能有效解决传统零售痛点，并带动巨大变革。因此，选择最佳的工具是传统零售企业转型升级的头等大事。

第二节　新零售的特点

一、按需生产

从经济学角度来看，社会上只有两种人：生产者和消费者。消费者和生产者不是彼此对立，而是互相转化的。假如你是一名服装厂的工人，那么你首先就是一名生产者，你的产品是服装。但是当你去餐厅吃饭时，你就变成了消费者，这时餐厅的厨师是生产者，但是厨师也需要穿衣服，他需要购买服装，所以他同时也是你的一名消费者。

因此每个人在服务别人的同时，也接受别人的服务。这就是生产和消费的不断转化，社会就是这样被推动发展的。

当生产和消费互相配合，相得益彰，整个社会就会往前推进，经济健康增长；相反，当生产和消费脱节，一方跟不上另一方，就会出现经济停滞，甚至产生经济危机。

过去的年代，产品比较匮乏，只要能把产品生产出来，就会有消费者购买。那时所有的产品都可以计入"社会财富"里，当然它们都是生产者创造的。

如今的社会，产品已十分丰富，生产者却陷入了盲目、无序、同质化的混乱生产，这就产生了大量没有人使用的产品。此时，只有能满足消费者需求的产品才可以计入"社会财富"。

由于生产的权力不被限制，同种产品的生产商过度增加，大家互相竞争，而且生产商为了追求利润，不断扩大生产，并采取低价策略。当产品数量超过了消费需求量之后，供给就会过剩，利润也将被无限压缩，结果大家都无法生存。而现在提倡的"供给侧结构性改革"和"淘汰落后产能"，其实就是在试图控制生产的无序化，淘汰那些技术管理落后、盲目过量生产的企业。

在传统的生产方式里，产品由生产者说了算，消费者只需要根据自己的需求决定买或者不买。厂家因为无法低成本地了解每一个消费者的需求，所以往往采用一刀切的方法，就是把满足各种需求的不同功能整合到一款产品上。

这种生产并没有深入了解、统计、整合消费者的需求。也就是说，消费者的需求是和研发设计等环节分离的。生产者只关心订单的批量和规模，销售环节则只关注销售额，不会过多关心消费者的需求。

既然生产与销售和消费需求脱节，就不可避免地产生了库存和积压，而库存和积压是吞噬厂商利润的黑洞，也是商品高价销售的拦路虎。

以服装行业为例，传统制衣企业中的佼佼者在辉煌年代年营业额可以有几十亿元，它们的优势就体现在生产能力和渠道方面。产品生产出来之后通过分销商向零售商铺货，再依靠广告效应，可以迅速占领全国市场，这就是传统优势。

现在时代已经不一样了。以前，人们看朋友穿了一件漂亮的衣服，会打听品牌和购买渠道。而现在，一个女孩刚买了件新衣服，高高兴兴地穿出门去却发现跟别人"撞衫"了，就会感到郁闷。消费者的需求已经变了，如今是个性化需求的时代。

每个人的个性化需求都被放大了，人们越来越喜欢个性化的、与众不同的东西。但是个性化的东西单品需求量没有那么大，这就需要工业企业能够实现小批量快速生产。而以"工业4.0"为代表的技术的革新（包括大数据、物联网、云计算、3D打印等），恰恰顺应了这种变化趋势。它正在实现"制造业"和"信息化"的高度融合，诞生出C2F（顾客对工厂）模式，可以快速、小批量、定制化地生产满足每一个消费者特定需要的物品。

因此，这是一场消费关系的大变革。未来的消费关系是：消费者需要什么，生产者就得生产什么。这是一个逆向引导的过程，传统的社会供求关系将被摧毁、重建，生产、营销、渠道和盈利模式都将发生变化。

（一）新经济、新气象

中国即将进入一个新经济时代，即：所有的生产都要按照消费需求进行，未来的每一件产品，在生产之前都要知道它的消费者是谁、它的标准怎样。生产商之间比拼的不再是价格，而是谁能最先对接到消费者的需求，以及谁能最准确地满足消费者的需求。在这个时代，不会有库存，也不会有恶性竞争，行业进一步细分，新的供求关系正在形成。

计划经济是国家在宏观调节，而新经济则是消费者在宏观调节。也就是说，今后是消费者而不是生产者决定生产。

目前，很多工厂都开始先拿订单再生产，各种预售、众筹等模式都符合这种逻辑，这样做有两个好处：一是每一件产品在生产之前，都知道它的消费者是谁，产品更能满足消费者需求。二是所有的产品都是先有订单再生产，这样就再也不会有库存。

因此，"一流的企业做标准"这句话将不再成立。今后所有的产品只有一个标准：那就是这件产品是否满足了它对应的消费者的具体需求。

在未来，一切"社会财富"都是消费所带动的，中国正在进入"按需生产"阶段。"顾客就是上帝"这句话虽然在世界上流行了近200年，如今才即将真正实现。

（二）电商的本质

在互联网时代，人们的需求越来越个性化和多元化，品牌和款式更多、更新更快、性价比更高。一些电商品牌越来越契合这种趋势。比如，电商品牌韩都衣舍在全国有几百家供应商，这些供应商大多是一些小的加工企业，单品100件起做是可以接受的，这就相当于韩都衣舍在全国拥有了几百条生产加工线，一个品牌就有200万个SPU（标准化产品单元）同时在线，这种应变和反应能力非常强大。供应链正由"下订单、流水线、计划性生产"向"拿订单、多款式、分批次生产"转变。

电子商务的本质就是定制和外包。消费者开始主导供应链，这一链条的起点是消费者发起需求，由此形成定制，然后经历层层外包，分布式生产，再由物流公司将产品送到消费者手中。

（三）预售和试销

传统时代是"先生产后消费"，而现在是"先消费后生产"。

传统供应链各个环节之间缺乏实时对接，导致产品信息不能及时传递，造成热销产品的库存不足、滞销品的库存积压等问题。现在的供应链则"逆行倒施"，也就是说先由消费者在平台上表达自己的需求，在平台上下订单给制造商，制造商再组织供应商去生产制造，这样生产出来的产品很容易被大家接受。

产品的试销也是很好的手段。制造商可以选择在电商平台进行试销，如果试销得到的反馈是积极的，便立刻开始大批量生产。借助试销反馈企业可以精准地推算出市场需求量有多大，然后再给下游供应链下订单。而直到这时制造商基本上还没有投入，这就是所谓的"轻资产"模式。不必把钱压在某个环节，当产品进入周期性运作之后，再去做运营规划，进入常态化，于是一个新品牌就诞生了。

从大订单模式走向小订单生产，是未来企业出奇制胜的关键。

（四）新零售、新商业

传统的零售渠道比较复杂，包括直营、加盟和线上，属于混合渠道。彻底解决零售的问题，必须做到三店合一、同款同价，要消除层层批发和不同渠道不同价的问题。

未来的零售应该是制造商根据消费者的需求，通过协调供应商把产品生产出来，统一制定零售价格，然后通过各种渠道卖给消费者，再根据供应链上的各个环节的关系分摊成本、分配利润。

二、信用聚变

（一）信用至上

在传统互联网时代，第三方平台的特点是"强信息、弱关系"。比如，淘宝、大众点评都是在强调商品信息的正确性、公开性，但是平台上消费者之间的互动性比较弱。由于消费者过于分散，只能任由平台发号施令，哪个商品做活动、哪家店铺能上首页或必须下线，都由第三方平台说了算。

而移动互联网时代的特点是"弱信息，强关系"。每一个人在线上都有一个身份，都是一个独立的经济体，而且彼此间互动性很强。人们获取信息的方式更多来自于"分享"，而不是"告知"。

既然商业的核心机理从"物以类聚"过渡到了"人以群分"，今后消费者也必将从分散走向联盟。作为一个消费者，今天你不主动把别人团结过来，明天别人也会把你团结过去。谁主导了消费者，谁就主导了市场，谁就有可能获得利润。

在移动互联网、大数据、云计算等技术的驱使下，中国信用市场正在建立。一旦信用市场建立，它的意义不仅在于整个社会的运作效率将大大提高，而且在于人们将开始遵守规则，信奉契约精神，到了那一天，中国人的聪明才智才将真正大有用武之地。

未来的财富路径将是这样的：行为—信用—人格—财富。可以这样归纳：最好的营销是内容，最好的内容是产品，最好的产品则是信用。

(二) 定制化时代

互联网的成熟应用成了一座分水岭。互联网开始不断衍生出各种应用，提高了商业行为的效率。最重要的不再是如何生产产品，而是如何把产品送到最需要它的人手中。于是，大量个体从组织里解脱出来，商业将进入协作更为精细的状态。

未来商业最大的进步意义在于将个人价值和存在价值统一起来。这一点需要反复强调：互联网释放了我们的个性，催生了大量自由职业者，无数平台崛起，使个体有机会参与创造和价值输出。一个人越有能力、越有特点、越有特长，就越不需要依附于某个组织。

未来，个体获得的收入将与其创造的价值成正比，你想赚更多的钱吗？大胆去创造吧。就看你究竟有多少创造力和创新精神，你的兴趣、才华、理想都将成为资本。

做生意的年代过去了，做事业的年代到来了。二者的区别在于，做生意的基本逻辑是千方百计寻找差价，做事业的基本逻辑是在创造社会价值的同时实现个人价值。

社会结构正在变得扁平、柔软、有温度、有情感。过去我们说，要把公司做大做强，比如传统企业的终极目的是实现海量生产、拥有海量用户，而今后这将不再是公司的"普适价值"。无数个精致、灵活、个性化的微型公司将诞生出来，它们可能面向某个你甚至没有听说过的细分领域，可能是某个兴趣组织，还有可能只是随时聚散的团队。

未来商业实现了按需要定制、按兴趣组队、按人群服务、小批量制作和不断迭代，因此，产能过剩也将不再存在。

三、新零售商业模式的特点和发展趋势

新零售的概念一经提出，迅速引发了行业内外的关注和思考。就零售行业的电商情况来看，传统零售与电商平台相互对立的局面正在被打破，二者的融合发展成为必然，这也充分体现了新零售必将成为行业未来发展的方向。

（一）新零售商业模式的特点

相比于传统电商，新零售最大的优势就是极大地改善了消费者的消费体验，为消费者提供更高质量的服务。新零售是一种完全不同于传统零售的业态形式。具体来说，就是以现代信息技术，诸如大数据、物联网、人工智能等为工具，从而为消费者提供更精准的消费信息、更亲身的消费体验，这样能够让消费者对购物场景的购物需求得到更好的满足；同时，将分别处于线上与线下的人、商品和场景三要素，密切地联系在一起，从而构成了一个全新的商业业态。具体来说，新零售商业模式具有以下的三个显著特征。

1. 更优质的服务

在新零售商业模式下，商业活动的开展都是以消费者为中心。因此，消费者既可以根据自己的意愿，从网络上寻找自己的目标商品，并借助各种现代科技对商品有更全面的认识，也可以去实体店对商品进行直接的接触和体验。这样的一种方式，不但让消费者的消费效率得到极大提升，而且让消费者获得更大的满足。更重要的是，新零售对于消费者的吸引是从内容、形式、服务等全方位展开的，在这样的一个个性化的购物场景中，可以让消费者感受到更加真实的购物体验，享受新零售模式下的优质服务。

2. 更高效的物流配送

传统电商模式中的商品配送，往往跨越千山万水，才能将商品送给千里之外的消费者，物流配送效率自然就难以保障。而新零售模式的关键，就是要实现线下实体店与线上平台一体化。在这种模式下，线上平台会在线下大量开设实体店，商家从线上平台下单以后，商品从消费者身边的实体店发出，从而实现一种"网上下单、门店发货"的模式，其效率得到了极大提升，可以实现 1 小时到货，甚至可以达到分钟级。因此，更高效的物流配送也是传统电商无法实现的优势。

3. 更智能的数据使用

新零售商业模式离不开大数据、云计算、人工智能等技术的支持，该模式建立的基础就是海量信息。并且新零售模式中所使用的海量信息，并非仅仅来自商品，更重要的是来自消费者的信息。通过对大数据的分析，企业不但能够找出不同商品之间的关联，进而对商品的储备量、销售量等作出非常准确的估算。通过对获得的消费者需求信息的分析，找出消费者的需求，并且以平台为依托将商品向消费者做精准推送，这样不但能够赢得更多的消费者，而且对消费者来说也提升了消费者的购物效率，使其获得更好的购物体验。

（二）新零售商业模式的发展趋势

1. 线上线下相融合

时代发展到今天，零售已经表现出非常显著的多元化渠道，包括电商平台、实体店、社交软件、电视购物等都能够为消费者提供不同的消费体验。相比于线下购物，线上的优势显而易见，方便快捷且不存在空间限制。但是，劣势也非常明显，消费体验要比线下逊色得多。实体店购物固然能够享受更直接的商业服务，能够对商品进行直观的选择，但是成本、信息、便捷度都有很大的局限性。随着电子商务红利日益消退，包括阿里、京东、苏宁等各个大型电商平台纷纷开始将线上、线下渠道相融合，从而构成一个更加全方位的消费闭环。在积极打造线上平台的同时，建立众多的线下实体店，一方面，作为流量新入口，通过利用线上平台的数据，从而对传统零售行业信息数据匮乏予以有效弥补，以提升经营效率；另一方面，还能够利用线下实体店作为改善消费者的体验，为消费者提供传统电商所不具备的优质购物服务。这样就能够实现全渠道零售，使各种不同渠道之间的障碍得以消除，让消费者的消费更加顺畅、高效。

2. 以消费者为中心的价值

零售行业存在的价值基础，就是基于消费者的需求，企业通过整合内部资源建立外部联系，完成采购、存储、配送和销售等一系列活动，从而创造企业的利润，实现行业价值。在人们生活水平相对较低的时代，消费者对于零售的关注点往往更加关注价格。随着人们生活水平的不断提升，电商平台曾经对传统零售的最大优势——价格优势的意义逐渐降低，消费者更加关注个性化、多样化的产品与服务，更希望得到舒适的购物体验和消费感受。在此背景下产生的新零售商业模式，必然更加重视消费者的价值；通过向消费者提供更好消费体验，更好地满足消费者需求，进而满足消费者对消费的消费诉求，从而与客户建立长期持久的联系。这一点不仅体现在线上平台向线下发展上，也体现在很多传统零售店向线上发展。比如，随着移动支付、识别技术的不断成熟，一些传统超市正在逐渐加大数字化改造，以改善购物体验，消费者可以自助对超市中的货物实施扫码、结算、付款，从而让消费者的购物效率更高，购物感受更好。

3. 大数据下的精准营销

大数据、物联网、人工智能技术的出现和应用，使得新零售商业模式中信息数据的价值得到了极大的体现。比如，物联网技术使得商品和消费者信息的采集变得非常容易；大数据分析能够对消费者的兴趣爱好、消费习惯、消费需求作出精准的分析和预测；人工智能通过对人类思维的模拟，进一步提升了个性化营销的精准性。这样新零售商业模式下就能够实现客户的精准发掘，并与消费者展开有效互动，从而为消费者提供个性化、定制化的产品或服务。近年来，在移动互联高度普及、社交工具越发壮大的背景下，还出现了"社群营销"，就是首先针对社区人群展开全方位的分析，明确社区人群的基本特点，并分析目标人群的使用场景，进而对目标客户提供针对性的服务。

4. 新金融、新技术、新能源的充分融合

新零售的发展是时代对于零售行业发展提出的新的要求，也是时代发展的必然要求。同时，新零售在发展过程中也必然会与其他的新事物建立密切关联。比如，新零售与新金融的密切融合，从而更好地解决金融行业的公平、透明等问题，同时，新金融本身也是新零售发展的重要支持；随着科学技术的迅速发展，新零售同样会与之有高度融合，从而实现多方跨界新业态。

第三节　新零售的发展

一、新零售方法的演变与进化

（一）以消费者为尊的时代来临

1. 实体店面与网络平台介绍

从早期的实体商店如大润发、沃尔玛、全家便利店、7-11便利店，到

Costco 在上海开业，都离不开消费者的消费。在互联网时代，零售业传统购物模式逐渐被打破，许多实体商店开始直接投入虚拟商店来经营，这确实改变了整个传统零售业的经营方式，但有一点是肯定的，即以消费者为尊的时代更加被重视。

现在阿里巴巴集团旗下的淘宝、天猫也是在做一个区隔。淘宝早期是应用"人人都想当老板开店"的方式来运作的，不需要交纳店铺的租金。后来因为许多品牌商想要进入电子商务，阿里巴巴集团才开始成立新的购物平台——天猫，与淘宝做一个区隔。天猫后来支持 VR 在线购物体验，应用了在线与线下的概念，通过一系列的产品导入，让消费者能够更加喜爱这种购物方式。这种虚拟情境给消费者带来新的体验。淘宝网虽然属于早期的平台网站，但是随着时代环境的变化，也增加了网络直播的方式，通过网络直播与消费者做互动，把消费者引进流量模式再加以改变。这样的体验模式正在打破我们传统的营销模式，即只注重推广，忽略了消费者的诉求。显然，如今的消费者越来越喜欢通过有趣的方式来与商家和平台做互动。

2. 新零售营销的方式

新零售营销的方式正在打破传统的营销方式与调查方法。传统的营销方式提到 4P、STP、五力分析等相关概念，需要通过销售员的实际调查访谈或者观察，但新零售是通过大数据导入来了解消费者的购物习惯和行为。例如，阿里巴巴有专业的大数据分析团队，可以针对实体店面消费者在某个地方喜欢购买的商品来分析消费者行为，并结合在线平台消费者来分析消费者购买特性，通过这样的调查方法进一步针对在线与线下的目标客户群做产品推广，同时减少盲目的传统广告投放。平常我们使用的一些影音平台，包括爱奇艺、bilibili、YouTube 等，会针对消费者喜好推送其最爱的相关影片题材。现在淘宝、天猫、京东也会针对消费者平常喜欢浏览的产品做定期的新品推广与指南，即通过高科技手段，平台可以监控到消费者购买习惯等数据。新营销还体现为线下消费者在购物逛街的过程中，看到了喜欢的商品，可以扫二维码直接购物，商品除了有优惠外，还可以直接送货到家。例如，物美超市就是通过这样的方式来凸显新零售概念。

因此，新零售就是指企业以互联网为基础，通过大数据、AI 人工智能等先进技术，并运用消费者行为学的知识，对商品的生产、设计与销售过程进行不断升级改造，进而重塑业态结构与生态圈，并对在线服务、线下体验以及现代物流进行深度融合的零售新模式。

（二）新零售的未来发展趋势

1. 在线与线下情境体验（O2O 情境体验）

随着新零售模式的出现，在线和线下将从以前的相对独立逐渐转化为相互融合、促进，其关键在于使在线的互联网力量与线下的实体店终端真正地结合，从而完成虚实整合的电商升级，电子商务和商业模式也开始产生变化。

2. 大数据精准分析

基于大数据技术的支持，零售企业可以对客户进行群体细分，精准地定位用户群体，然后了解这个用户群体的具体需求，根据需求来设定不同的消费场景体验，这样才能够真正地做到了解用户，将新零售平台与用户紧密地结合在一起，为未来的发展抢占先机。电商转变为共享信息、共同营销、共同配送的概念，等于是打破了虚实的概念，新的商业模式将会诞生。

我们通过在线的社群影音平台、网红直播平台（淘宝网红直播）可以了解到，现在的电子商务平台网站会针对不同的消费者来做定位与分析，最终的目的在于解决消费者的购物问题，更加精准的定位可以帮助厂商提供一套完整的服务给消费者，替厂商与消费者共创双赢的局面。

在大数据时代，天猫小店、京东小店都在做消费者大数据分析，包括这个区域附近一公里内的消费者购买过哪些产品，然后根据这些数据来推荐给商家可以进哪些货品。这样的大数据分析，就是结合了消费者的购买特性来给商家做主要的客群定位，同时也提高了商家对于消费者的购买分析与预测能力。

3. 强化用户体验与建立买卖双方信任关系

电子商务平台在不断思索：如何去打造用户体验？体验不单单是提供产品给消费者，还需要通过生活中的某些小故事与消费者产生共鸣，即卖家要与消费者变成好朋友。而如何去维持长久的关系，就要在买卖双方之间建立信任感。许多电子商务平台厂商提供了在线体验，例如，让消费者戴上 VR 眼镜模拟购物场景，或者是消费者到实体商店直接购买，后续物流免费配送，通过周到的服务与消费者建立起信任关系。

随着生活水平的不断提高，消费者的关注点已经不再仅仅局限于价格等方面，而是更多地注重对消费过程的体验。因此，探索运用新零售模式来升级消费购物体验，推进消费购物方式的变革，建立新零售的全渠道生态，将会成为企业实现新商业模式的重要途径和方法。

4. 科技的融合与消费者体验

随着互联网、云计算、大数据、人工智能等新技术的不断发展，零售行业从商品的生产到消费都能够实现有效监控，零售商得以实现零库存经营，这对零售行业起到了减负的作用，也将直接推动行业的高速发展。

未来的生产不再是制造商的天下，而是更多地根据消费者的需求进行有针对性的生产，商品的分配也是基于用户大数据的分布，商品的体验不再是传统方式，当新的零售业逐步深化时，我们将真正改变传统的行业生产、供应和体验，一个新的时代将被开启。

消费者的体验不只是线下的体验，也会结合在线的体验，从而形成以消费者为中心的集生产、设计、体验于一体的产品制造过程。任何产品，都要让消费者感到满意，要消费者都能够不断地再次购买，这正是新零售想要达到的效果。

二、5G 时代对新零售进化的影响

（一）5G 时代对新零售变化的影响

5G 时代的来临，对于商家来说可以更加快速地与消费者连接。2021 年的"双十一"活动在国内刷新了交易纪录。天猫、京东等电商"双十一"成绩单于 11 月 12 日零点公布：天猫交易总额为 5043 亿元，京东交易总额为 3491 亿元。通过数据可以看出，5G 在国内 50 个城市的覆盖，使消费者更加喜欢在线购买物品。5G 所带来的新科技变革，对于整个新零售的发展具有推动作用。同时可以看到，消费者会因为科技进步，更加喜欢应用新零售商业模式。

可以说，"双十一"是消费需求的集中释放期，也成了消费领域各类问题集中呈现的重要窗口。在不断攀升的交易额面前，不能被数字冲昏头脑，在看到消费市场释放巨大潜力的同时，更应看到既有的以价取胜的增长路径，其边际效应却在逐渐递减。"双十一"已经到了一个需要转型升级的节点。对于各大电商平台来说，在下沉市场逐渐打通、存量市场逐渐到顶后，仅仅靠一年一度的打折让利，未必能够像以往那样吸引消费者。消费不断升级，消费需求也在不断变化，要做大蛋糕，必须在消费体验上寻找新的增长极，寻找更本质性的突破。5G 技术提升了消费者体验，对于未来消费者在购物过程中的情景模拟，不会因为网络的不稳定导致消费者打消原本想要购买产品的欲望。5G 技术在新零售中的应用，主要表现为供货商提供产品快速设计、安全性与隐私性、快速移动支付、大数据分析与应用、渠道整合性、消费者体验与持续性购买、驱动消费者购买意图等。

我们常常思考 5G 技术会怎样影响到后续的消费者购买意图等因素，以上这些因素会直接或间接地影响到后续消费者是否持续性使用相关的计算机设备，包含硬件与软件相关的一些配备。

除了提供消费者体验外，5G 的本质其实是因应物联网（Internet of Things，IoT）设备数量和数据量的暴增而开发出来的新时代产物。因此，目前市面上所看到的大部分行业，从健康照护（含医疗）到金融服务，再到零售业等，都受惠于 5G 技术的发展。

2020 年，中国就已开始针对五大城市进行商用 5G 的试验；新加坡也投入超过 4000 万新加坡元，发展新加坡 5G 创新生态圈，在接下来的一年持续针对 5G 商业应用进行大量的试验计划。因此，可预期接下来将会有许多全新的应用情境展现在公众面前。

英特尔（Intel）研究显示，到 2028 年，沉浸式体验的广告预估将有 178 亿美元的全球市场。5G 能够帮助解放广告与营销产业从业人员的想象力，并将营销及广告从平面转移到可互动的图像和影片，甚至借由 VR/AR 技术与消费者形成新的对话方式；还可以通过眼球动态追踪和生物识别技术实时衡量广告效果，获得更精确的消费者分析并进行研究，以扩大目标受众。

（二）5G 时代对消费者购买意图的影响

通过调查消费者的购买意图，可以研究消费者是否能够持续性地购买商品。尤其是在虚拟平台上购买商品，商家或者供货商如何去取得消费者的信任，这考验商家或者供货商的智慧。在 5G 时代网络设备更加完善，消费者在购物过程中不再是虚拟体验，不再由于网络不稳定导致消费者不想购物。许多调查研究表明，以情境模拟来探讨，包含消费者通过虚拟与实际情境的整合，从可以增加消费者购买意图。

第二章

智能新零售中应用的新技术

第一节　智能新零售的概念内涵

一、业内对于零售变革的相关表述

关于零售业的发展方向，各行业的龙头企业都有自己的理解和战略名称，但都包含两点：一是大数据和人工智能是它们的主要技术内核；二是都是基于自身的优势提出的概念界定。

（一）阿里的新零售

新零售是在阿里云栖大会上提出来的。核心含义是企业以互联网为依托，通过运用大数据、人工智能等先进技术手段，对商品的生产、流通与销售过程进行升级改造，进而重塑业态结构与生态圈，并对线上服务、线下体验以及现代物流进行深度融合的零售新模式。阿里是通过自己的方法论改造零售企业，即线上对线下的改造。阿里研究院曾发表声明指出，其方法论的主要内容是推进以消费者体验为主体数据驱动的泛零售体系。阿里目前有自己的"试验田"，如盒马、银泰进行不同领域、不同业态的方法论改造的探索。在阿里的计划中，这些方法论的项目未来应该会主导各自领域入股企业的新零售改造。从目前的进展来看，阿里新零售首先体现的是对于线下零售的重视。比如，与三江购物的联营、淘鲜达的试点、高鑫零售的合作项目都有盒马团队的参与，以及先后收购传统零售业龙头企业银泰和大润发。在这些资本运作中，阿里对改造的方法、内容等有较大的话语权，而且这些阿里系内的线上线下零售商有可能会进一步深化合作。比如，在数据方面将会实现共享，形成一个以阿里为中心的零售体系。因此，在阿里看来，新零售是线上线下融合的过程，主要面向2C业务。

（二）腾讯的智慧零售

在腾讯看来，零售行业的发展是不断贴近用户、连接用户的过程。腾讯的使命和核心能力也是连接。通过腾讯的互联网能力和商业工具，从用户、数据、连接三个维度与零售行业结合，能够为零售商找到解决现有问题的策略。由此可以看出，腾讯的智慧零售是基于自己现有的技术、流量资源等向零售企业进行赋能输出，改造仍以零售商为主导，提出做零售的"工具箱"。腾讯智慧零售实现路径的核心是基于"小程序+微信支付"的会员运营和多场景贯通，输出大数据、云、人工智能等技术。可以看到，在腾讯的零售体系构想中，腾讯只是作为一个资源和技术输出者，给零售商的改造提供更先进的工具，而如何改、怎么改主要还是零售商自己说了算。腾讯的零售体系可能是一个弱连接、弱边界的去中心化体系。腾讯目前入股或者合作的多家企业都将融入这一体系。因此，在腾讯看来，智慧零售就是通过流量入口为传统零售赋能，主要是面向2B的业务。

(三) 京东的第四次零售革命

第四次零售革命是刘强东在《财经》杂志上提出来的。在他看来，零售的本质没有发生变化，仍然将围绕成本、效率、体验三方面展开。当下的很多讨论还停留在互联网时代。过去20年的互联网只是整个零售数字化进程的一个序幕。零售业正处于变革的风口浪尖，一些传统模式将被颠覆，新的机遇与挑战也随之而来。第四次零售革命是继百货商店、连锁商店和超级市场之后的零售业态变革，将以客户需求为中心，以场景构建为导向。与前三次零售革命相比，第四次零售革命将从传统零售的追求高利润、低品类、低效率的状态向追求薄利润、全品类、高效率、注重互动化、场景化体验社交营销的方向转变。从变革理念来看，第四次零售革命更加注重"无界零售+精准零售""零售即服务"，在技术上则更加注重"线上+线下+大数据"。因此，在京东看来，零售革命就是对于零售需求端和供给端能力的全方位提升。

二、智能新零售的主要特征

以上各家零售业巨头对于智能新零售有不同的论断，但是有一点是共识，那就是零售业正在面临巨变。在这一轮以智能化、数据化为主要特征的零售业变革中，更加注重用户的体验，将会把各种最新的技术投入门店，实体门店将会成为买家和卖家之间沟通的桥梁。除此之外，数据将会成为新零售产业中至关重要的因素。综合来看，以数据和智能化为主要特征的智能新零售具有如下特征。

（一）通过线上线下融合实现全渠道打通

全渠道零售（Omni-Channel Retailing），就是企业为了满足消费者任何时候、任何地点、任何方式购买的需求，采取实体渠道、电子商务渠道和移动电子商务渠道整合的方式销售商品或服务，提供给顾客无差别的购买体验。全渠道零售是相对于在零售发展历史上曾经出现过的单渠道和多渠道而言的。

1. 单渠道时代

20世纪90年代的巨型连锁实体店替代多品牌化实体店，这是"砖头加水泥"的实体店铺时代，如沃尔玛、家乐福等大牌商超。但是，单渠道模式经营的企业困境在于渠道单一，实体店仅仅覆盖周边的顾客，而且随着房租成本不断上升，导致利润微薄。

2. 多渠道时代

在21世纪的前十年，随着网上商店时代的到来，零售商采取了线上和线下双重渠道，这是"鼠标加水泥"的零售时代。虽然多渠道相比单渠道的路径更丰富，但也面临着诸多发展瓶颈。比如，分散渠道导致管理成本上升和团队内耗竞争。

3. 全渠道时代

零售企业更加关注顾客体验，有形店铺地位进一步弱化，这是"鼠标加水泥加移动网络"的零售时代。首先需要考虑的是，零售业本质（售卖、娱乐和社交）没有发生变化，但是零售五流（客流、商店流、信息流、资金流和物流）的内容发生了变化；其次根据目标顾客和营销定位，进行多渠道组合和整合策略的决策。

（二）通过智能化改造门店提升用户体验

广大用户是零售业最终的服务对象，因此，能够带给用户良好的购物体验变得越来越重要。在智能新零售的发展中，尊重用户体验将始终成为重要理念。而线下门店这个特殊的场所，作为用户购物的入口，其意义至关重要，需要得到更多关注和改造。借助新技术的应用，实体门店将会迎来智能化改造的机遇。智能化可以提升顾客互动体验和购物效率，可以增加多维度的零售数据，也可以很好地把大数据分析结果应用到实际零售场景中。这些智能化技术包括通过人脸识别实现个性化导购、人脸支付，以及 VR 虚拟购物等。但是，当形式变得非常重要的时候，往往会出现忽略内容的现象。据有关媒体报道，随着商家门店追求数字化、智能化的步伐逐步加快，可能会出现脱离实际需求去一味追求智能化的情况，不惜投入重金打造所谓的"黑科技智能门店"，却发现实用性很差，最终变成了"花瓶工程"。

（三）通过经营数据化实现企业数据价值变现

企业经营数据化就是通过数字化把各种主体（零售商、消费者）行为和零售场景搬到线上，然后实现线上线下购物场景的融合。零售行业的数字化包括顾客数字化、商品数字化、营销数字化、交易数字化、管理数字化等，其中顾客数字化是零售变革的基础和前提。实现数据融合是关键，以消费者数据为例，在全渠道零售模式下，消费者数据来源分为线上和线下两个部分。线上渠道的数据非常方便采集和记录，因为无论是通过计算机还是移动设备，消费者所有的线上行为都能被实时地记录下来。而线下实体店的消费者数据采集则比较困难：一方面，像 POS 机销售数据、会员的个人数据以及消费数据、卖家的商品数据等往往分散在不同的软件系统中，很难被快速有效地整合；另一方面，像消费者位置信息这种敏感数据往往很难被采集到。

在智能新零售的应用场景下，无论是消费者数据还是零售商数据都是零售决策的依据。如果应用得好，将会大大提高零售效率、提升用户购物体验、促进经济发展。所以，怎样收集好、使用好数据将成为重要的应用方向。

（四）通过商品社会化解决在线商品缺乏的情况

在线上或在线下购物时，顾客对于商品类目的判断是有区别的。当人们去实体门店购物时，会觉得店铺商品琳琅满目，东西买都买不完；但是，当人们通过线上店铺购物时，会觉得网上的东西少、品类缺乏。这种"错觉"既说明了网上购物浏览速度快，也说明了网上购物的局限性，即无法真实全面地观察每一个商品，这就是新零售时代对品类管理的挑战。如何才能有效地解决呢？这就需要零售商重构商品供应链，即通过商品社会化采购、销售的方式去布局电商平台。在这种格局下，商家需要对商品的生产供应链采取更加开放的思维：既可以卖自家货，也可以卖他家货；自己家的货既可以自己卖，也可以请别人卖；既可以卖本地货，也可以卖洋货、农特货等。

（五）通过物流智能化管理优化商品配送

智能物流就是利用条形码、射频识别技术、传感器、全球定位系统等先进的物联网技术，通过信息处理和网络通信技术平台广泛应用于物流业运输、仓储、配送、包装、装卸等基本活动环节，实现货物运输过程的自动化运作和高效率优化管理。智能物流在功能上要实现六个"正确"，即正确的货物、正确的数量、正确的地点、正确的质量、正确的时间、正确的价格；在技术上要实现物流链全流程有效管理，即物品识别、地点跟踪、物品溯源、物品监控、实时响应。通过这种模式就能改变传统零售只能到店消费、现取现卖的困境。智能物流技术的广泛使用，可以让商品配送环节得到优化，用户体验感得到提升。比如，顾客可以全天候、全渠道、全时段买到商品，并能实现到店自提、同城配送、快递配送等。这种模式还可以缩短配送周期，实现商品去库存化，达到提升社会生产效率的目的。

三、关于智能新零售的概念界定

综上可以看出，阿里、京东、腾讯的新概念本质上是从零售商的角度来思考，面对新趋势时需要采取的新思路。讨论智能新零售的概念需要厘清什么内容？讨论的起点是什么？是商品研发至上、企业经营数据至上，还是顾客至上？这些都是这一轮零售变革给我们带来的思考。当然，大家都可以有自己不同的看法。比如，阿里和苏宁在强调技术变革；京东在强调体验和成本；腾讯则强调流量入口和平台赋能的作用；网易强调商业要服务人的本质。

实际上，概念之争的背后，体现的是传统零售领导企业和电商领导企业之间对于未来零售业态的话语权。从变革主导权来看，新零售、第四次零售革命反映了电商领导企业向线下实体拓展的心态，期望以新技术的广泛应用拓展出电商企业在线下新的、更大的增长空间；智慧零售反映了传统零售领导企业对线上渠道的认识，即线上渠道所主导的所有技术变革都只有依附于线下零售渠道才会产生价值。从内涵范畴来看，新零售、第四次零售革命都强调"革命"，用词更激进，强调的是推翻存量从头开始；智慧零售则相对较柔和，强调为传统零售"赋能"，是在存量基础上的改革创新。从渠道融合来看，新零售强调同时推进功能融合和形态融合；而智慧零售则重点放在功能融合上。从消费场景来看，智慧零售更看重构建体验场景，更注重客户消费心理，在构建场景时发挥出实体渠道的经验长处；而新零售则更注重场景的引流效果，注重消费的便捷性，让顾客在消费的同时可以实现更多其他功能。从新技术应用范围来看，新零售着眼于应用到全生产链、全流程，要将线上线下全渠道融合；而智慧零售似乎更多关注在线下的技术应用，为用户构建更加完美的购物场景。从大数据分析和应用来看，新零售更注重个性化的产品需求分析，注重对消费者行为数据分析的整体应用；而智慧零售则更注重在消费者个体行为数据分析基础上的精准营销，使用数据以达到解决商品流通中供求信息不对称的问题。

但是，无论是哪一类概念，对于"消费者将处于消费核心地位"都是认同的。从零售业的发展历程来看，强势的零售渠道商从来都是只想着从自身的角度来思考问题，却不考虑品牌商的生死、消费者的需求。但实际上，随着技术的成熟推广以及社会平均生产力的大幅提升，人作为这个世界上最重要的因素这一点越来越得到大家的认同。技术最终需要服务人，商业最终也是需要服务于人。也就是说，消费者才是零售业中的根本。正如丁磊的新消费提出的那样，消费者的消费观和消费行为的变化才是今天一切零售变革的根源。在今天，零售商业百家争鸣意味着多种选择，无论是淘宝、天猫、京东、苏宁、网易考拉、网易严选都会成为消费者的选择之一。但是，消费者需求如何才能被有效捕捉到？如何才能被有效满足呢？这就是智能新零售需要解决的首要问题。

四、零售业产业链在数据智能时代的变革

(一) 变革之由：时代与科技的发展

1. "人、货、场"结构的演进

"人、货、场"结构的演进不是一蹴而就的，是跟随着社会经济的变化、人口结构的变化、人类社会精神文明的环境演变不断递进的过程。在物资相对匮乏的时代，"货"在零售环节中被放在第一位，这就是奇货可居的时代；随着经济的不断发展与壮大，到传统零售时代，物质已经有了一定的累积，"场"就成了核心要素，也就是"渠道为王"的时代，品牌、消费者都在追随着渠道的发展；而进入现代社会，货品的生产不再是主要问题，货品的储备已经相对足够，渠道的开发也已经无处不在，"人"（消费者）的地位才慢慢有所提升，商家只有以人为本，不断地满足消费者需求，才能确保"货"和"场"的任务顺利完成。

不论是传统零售还是新零售，零售的核心三要素始终是"人、货、场"，只是在不同的时期，人、货、场的主导地位有所不同，从以"货"为主的"货、场、人"，到逐渐演变的以渠道为核心的"场、货、人"，再到当今新零售时代的以"人"为核心的"人、货、场"，都是为了更符合市场变革的需求。

只要社会稳定前行，经济正常发展，人们的消费升级观念和趋势就不会改变，消费者对于消费升级体验的需求是一个不可逆的过程，这就决定了零售行业未来的大趋势一定是更加以消费者为核心，通过各种产品、渠道以及技术手段的应用更好地满足消费者的需求。从产品表达上，针对新一代消费群体，尤其是"80后""90后"，要求生产商柔性供应链能力越来越强，从而可以生产出更加个性化、定制化的产品去迎合新生代人群的需要；从渠道拓宽方面，商品销售渠道不应该只拘泥于线下实体店，还要拓宽包括线上渠道、各种多变场景渠道（如办公室货架、社区零售等），满足消费者在购物时间上以及空间上的需求；从技术演进的角度，目前主要的新零售相关技术手段包括大数据和人工智能技术的应用与推广，即通过获取消费者购物数据，包括线上浏览、购买、喜好等数据，线下行为、表情、结算等数据，进行大数据分析，从而获得针对每个消费者不同的营销方案，通过人工智能技术，有效地实现"千人千面"甚至是"千店千面"，让消费者有更好体验的同时实现销售的全面增长。其间，为了更好地提升用户体验，物联网技术、AR/VR技术也越来越受到重视。

在未来，消费者对于品牌的忠诚度会发生很大变化，会越来越注重和自己的品位、偏好、情感相匹配的品牌或商品，并选择自己适应的渠道进行购买。所以，零售面对新时代，除了技术的变革，更要求我们从根本上适应对"人、货、场"结构的变化，发自内心地做到"以消费者为核心"，不断挖掘消费者内心的需求，帮助消费者节省时间，提高效率，提升体验。

2. 消费升级推动零售产业智能变革

消费升级是推动零售产业智能化变革的本质因素，主要体现在两方面：一是消费总量的扩大；二是消费体验要求的提高。第一，消费总量扩大的主要原因有三个方面：首先，是社会经济的高度发达，人们可支配收入逐年提高，这就自然决定了消费体量会逐渐加大；其次，随着信息时代的来临，人们对外部世界的认识逐渐扩增，之前很多的商品地域化的问题得到了解决，人们可以通过不同渠道得知并且获得新产品；最后，人类对于生活的认知与要求也在不断提高，从攒钱时代进入了消费时代。这些因素的结合更有利于消费总量的扩大。第二，消费体验要求的提高主要归结于消费群体结构的变化，目前，消费主力大军已经从"60后""70后"进入"80后""90后"甚至是"00后"，这些新兴人群对于消费的商品、消费的方式都有自己的喜好与见解，更注重产品的多样化、品质化、个性化，使得品牌属性被不断弱化，这就对商品生产提出了新的要求。另外，新兴人群对于体验的要求越发提高，商场对于他们而言不再是购物的场所，更是商品体验、生活体验的场所，人们更喜欢在体验的过程中不自觉地消费，而不是目的性购物，更加排斥生硬的营销。

基于以上消费升级的描述，零售产业智能化将会成为新的趋势。从消费总量的角度，零售要向全渠道方向逐渐发展与延伸，让消费者通过不同渠道获取产品信息，购买心仪产品，打破时间与空间的限制；从消费产品属性的角度，零售需要更加灵活的供应链，从而实现消费者到生产端的定制化生产；从消费体验升级的角度，零售商需要更加关注消费者的心态变化、行为动作、消费能力、消费偏好等因素，并通过一系列技术手段，实现针对性的服务，让每一个消费者体验到专属于自己的与众不同的服务，也可以使消费者在最短的时间内获得适合自己商品的推荐信息，提高购物效率，提升用户体验。

(二) 变革之基：智能物流的发展

有人说，新零售的新主要体现在物流上，正是因为物流的高效、便利，才让网上的购物变得如此顺畅和普及。确实如此，物流的快速发展，成就了线上零售。但是当我们发现街头涌现出越来越多的同城配送的时候，新零售又应运而生。可以说，过去10年，零售给物流行业带来了量的变化。未来10年，新零售将会给物流行业带来质的变化，在这种变化下能够胜出的一定是科技型的物流企业。

在此概念下应运而生的"智慧物流",就是利用集成智能化技术,将物联网、传感网与现有的互联网整合起来,以精细、动态、科学的管理,实现物流的自动化、可视化、可控化、智能化。智慧物流的智慧性体现在以下四方面:一是实现监控的智能化,主动监控车辆与货物,主动分析、获取信息,实现物流过程的全监控;二是实现企业内、外部数据传递的智能化,通过 EDI 等技术实现整个供应链的一体化、柔性化;三是实现企业物流决策的智能化,通过实时的数据监控、对比分析,对物流过程与调度不断优化,对客户个性化需求及时响应;四是在大量基础数据和智能分析的基础上,实现物流战略规划的建模仿真、预测,确保未来物流战略的准确性和科学性。

智慧物流的不同环节需要不同的技术支撑才能实现相应的功能,应用的典型技术有射频识别技术(RFID)、传感器技术及传感器网络、M2M 技术及管理平台。射频识别技术是一种利用无线射频方式隐性通信的自动识别技术。RFID 技术通过 RFID 标签来对物品进行标记,通过射频信号自动地识别物品并获取相关信息。RFID 技术目前在物流系统中被广泛使用,通过存储在 RFID 标签中的 EPC 代码,可以实现对实体目标的识别,同时标签中还存储着实体目标的一些实时动态信息并可进行更新,高层信息处理软件可以通过 RFID 读写器对目标信息进行识别、传递和查询。RFID 几乎可以用来追踪和管理所有的物理对象,是物流管理、追踪等领域信息化的重要手段之一,对于提高物流的智能化水平有着十分关键的作用。传感器网络在智慧物流中扮演着十分重要的角色,它可以与 RFID 系统相配合,对物品的位置、温度、路线等方面进行更好的追踪,使得物料信息在整个供应链上下游贯通,提高物流配送的即时性、准确性和有效性。传感器网络可以增加对既定环境的认知度,继而成为现实世界和数字世界的桥梁。M2M 是物联网自动传送这一特点得以实现的主要支撑技术。M2M 技术及管理平台是指通过在机器内部嵌入无线通信模块(M2M 模组),以无线通信等通信方式为主要接入手段,实现机器之间智能化、交互式的通信,为客户提供综合的信息化解决方案。M2M 系统从逻辑上可以分为三个不同的域,即终端域、网络域和应用域。基于 M2M 技术及管理平台的智慧物流可以实现对监控、调度和控制等方面的信息化需求,方便地进行线路规划、车辆调度等活动，从而提高物流中运输配送的效率。

智慧物流的发展很大程度上是我国整体经济转型升级的必然要求，是发展到一定阶段的产物。目前基本建立布局合理、技术先进、便捷高效、绿色环保、安全有序的现代物流服务体系。智慧物流的发展已经成为很多区域物流经济发展的重心。全国各省、市积极开展智慧物流园区的建设，而且都和电子商务、大数据、云计算等新概念做了很好的结合。与此同时，一线的电子商务企业已经全面参与和各地方政府合建的智慧物流体系中，如阿里巴巴、京东、唯品会等。全球电商龙头企业亚马逊以其自建物流和云计算、大数据支撑成为全球物流配送的楷模；京东物流也开启了对外开放物流网络平台模式。随着我国第三方物流的建设完善，在信息加速和智慧物流的推动下，第四方物流时代已然来临。事实上，我们所知的菜鸟网络，就是一种典型的第四方物流，它为物流企业提供规划、咨询、物流信息系统、供应链管理等服务，而并不实际承担具体的物流运作活动。

物流大平台、物流大数据、供应链物流金融是物流发展的三大首要因素，也是智慧物流建设的三大主要领域。当前还主要存在以下三大问题。

一是如何依托上下游供应商，通过大数据实现共享、调配物流通道上各环节的资源。通过建立大数据一体化运营平台，将供应链上下游所有企业衔接起来，实现围绕物品状态信息进行互通有无、即时分享、实时协作、统一规划、信息分享，包括即时分享物品的生产状态、库存状态、配送状态，采购企业的物料需求计划、供应商的物料生产计划、物流配送的物流配送计划，使得物流信息在整个供应链上下游贯通，供应链上所有企业能够依据上下游的计划，规划本企业的物流配送策略和行动计划，形成从原料开始到客户手中为止的端到端的智能供应链物流配送服务流程，从而提高物流配送的即时性、准确性和有效性，实现低成本、按需供给的物流仓储模式。

二是物流终端成为当前智慧物流发展的瓶颈。在新零售的趋势下，消费供给本地化，很多货并不需要从纯电商的仓库里发货，货物不会只围绕纯电商配置，城配线路进一步形成60分钟距离内的供求体系，末端配送会变成物流最为重要的支点。在配送中，要构建多级配送模型，将干线运输、快递、落地配以及城配等形成一套完善的配送体系，这样的搭配方式能够有效缩短运输里程，全面提升整车到达率、整箱到达率、整单到达率等物流指标。加大跨区域协调的物流仓配体系建设，为客户搭建全国分仓体系，自动推荐最适合收货地址的发货仓。网络分仓不仅能分解单仓集中发货的压力，使订单时效更快，成本更低，而且线上线下共享库存，能打通不同渠道库存的共享，降低库存占用率。城市配送的末端环节"最后一公里"所出现的进城难、配送难、线路选择优化等问题，直接影响消费者的购物体验。末端快递、落地配、城配未来的发展是没有界限的，配置的关键是线下数字化，优化末端仓配实现无缝对接。送货模式是一样的，只是针对客户有所区别。可以从靠近消费者最近的仓点，甚至是实体店进行仓配无缝对接发货，让货物以最低的成本、最快的速度抵达客户手中。

三是供应链物流金融空间很大。物流不仅是将货物由 A 点转移到 B 点，更需要为货主提供完整的物流服务解决方案。传统物流金融仅为供应链或非供应链的某一贷款企业进行服务，由于仅面向一个企业，此融资方式流程简洁，不存在关联担保，且融资关系简单清楚，风险小。在供应链物流金融过程中，物流企业辅助金融机构完成整条供应链的融资，供应链金融模式不同其参与程度也不同。由于面对整条供应链的企业，金融机构易于掌握资金的流向及使用情况。由于物流金融、供应链金融在我国尚处于起步阶段，融资流程设计往往不完善。比如，金融机构在设计存货融资流程时，货物出、入库的物权控制在物流企业，与贷款企业之间易出现混乱。因此，运作主体应加强信息平台的建设，精准动态地统计全网库存。在立体化的数据模型系统下，可以把所有商品、销售数据、回购行为等作为资产，凡是体系内的货物都可以进行融资。对货主而言，货物的流动性更强，在保证存货价值的前提下，货物可以自由出入，融资额度更高，有利于债权人对债务人的各项资质进行动态评估，降低风险。同时，运作主体应加强与保险公司、担保机构、法律机构、统计部门等相关机构的合作，保障融资活动的顺利进行，形成符合物流金融、供应链金融发展的稳定生态系统。

传统物流向智慧物流发展的必然过程，正是传统产业变更晋级的历程，也是代表物流发展革命性创举的突出体现。智慧物流的发展方向是建设一个全面感知、可靠传输、智能处理、高效透明、信息对称及价格公开的社会化现代物流生态体系，物流服务的功能组成向上游、下游进一步拓展延伸，物流服务的质量也更加可靠、丰富和人性化，使物流业作为国民经济的基础性、战略性的产业地位日益强化。随着全球一体化的加速发展和互联网、物联网技术的更广泛应用，智慧物流必然将迎来一个全新的发展机遇。

（三）变革之路：科技赋能零售产业链

1. 赋能"货"端：更智能的商品生命周期

（1）商品的智能化改造。新零售背景下，在新技术的不断推动下，更好的产品和更好的服务加速涌现，消费者群体对消费体验要求越来越高，对商家也变得越来越挑剔。所以，作为产品或者服务的提供者，商家应该能够跟上时代的潮流，为消费者提供最新的产品。智能化商品的生产应该是当前的一个热点。

推动产品智能化生产趋势的主要因素包括以下三个：第一，硬件技术继续加速发展，摩尔定律依旧在发挥作用。比如，计算芯片变得更小、计算力却变得更强、价格变得更低。第二，软件兼容性更强，无论是开源软件还是商业软件，其通信壁垒都越来越低，各种网络、系统之间可以实现数据的便利传输。第三，产品供给端需要新的增长点，智能化产品孕育而生。产品传统领域的市场趋于饱和且竞争激烈，通过智能化增加产品新价值、让产品获取新卖点，已成为各行各业的共识。

以智能家居产品为例，在小区域内形成局域网，并连接到互联网，智能设备之间相互自由连接，数据相互分享互通，智能化开始形成体系，构成一幅诱人的现代化智能家居场景。在智能家居的应用场景下，各种带有智能化技术的家电设备将会面临巨大的市场前景。除了智能家居以外，智能手机、智能手表、智能车联网等产品将会替代传统的同品类功能性产品成为消费者的主要选择。

（2）商品生命周期的智能化改造。智能零售时代，商品从设计、生产、运输、仓储、销售等各个环节都将得到智能化改造，商品的全生命周期面临变革。

商品设计的智能化体现对于消费者需求的准确把握。在传统的消费观念中，消费者的从众心理强、产品同质化严重，而现在个性化、多样化消费逐渐成为主流，产品由同质化向差异化转变，这对传统企业而言是极大的挑战，必须借助新技术实现商品的智能化设计生产。其中，零售商将在商品设计中发挥重要作用。零售商通过大数据分析为生产企业赋能，指导企业科学设计从而更好地满足用户需求。新零售商为生产企业提供消费者数据画像及需求信息分析结果，生产企业可以更加清晰地了解目标市场的需求特征和偏好特征，从而缩短新产品的研发周期，增加生产计划合理性以及产品适销性。

商品生产的智能化可以推动社会生产关系更加精益化。大数据分析技术使得按需生产成为可能。新零售克服了传统商业模式下的供需脱节、供需分离的弊端，供给和需求被打通，生产企业建立起自己的目标消费群体，根据目标消费群体的精准需求信息组织生产活动，生产企业真正地实现了市场洞察。智能化的商品生产推动了社会生产方式由大规模生产方式向柔性、灵活的生产方式变革，推动社会生产关系向精益化、柔性化和规模化定制的方向转变。

在商品供应链环节，数据驱动的智能供应链正在形成。随着传统制造业供应链结构中的设施、库存、运输、信息等要素进一步智能化，各要素协同驱动智能供应链的发展成为智能供应链生态的重要引擎，供应链开始支撑企业建立核心竞争力。智能供应链的思维方式必须以点带面，强调全局性。

在商品生命周期更加智能化的背景下，零售商、生产商、消费者之间的关系也将发生变化。零售商成了生产企业的赋能者，为企业生产什么提供依据。这将改变传统零售中生产企业和零售商之间的对立、冲突关系，新的合作共赢关系将会形成。

2. 赋能"场"端：更高效的消费购物场所

（1）智能门店选址。门店的位置向来都是线下店策划最先考虑的因素。但是，传统零售企业采用的问卷调查、街头派发、有偿回答的方法往往无法真实、全面地反映位置情况。随着各类大数据技术和人工智能的逐渐成熟应用，结合历史销售数据、人口经济数据、城市发展规划等数据，可以把选址模型推到一个新的高度，即智能选址技术。

智能选址是随着技术的发展和行业人才的变化而逐渐成熟的。与传统的选址方式相比，具有独特的优势。比如，按照从业人员的专业素质，传统用地图和数据做零售企业选址和市场的人多半是地理信息专业毕业的，他们大多采用空间交互模型这一地理人最容易理解的模型（最经典的莫过于距离衰减模型）来开展选址分析；由于技术等原因，传统的分析模型只能加入少量的指标。但是，在当前的各类门店选址中，需要打通各种兴趣点（POI），用每个交通小区附近的店铺特征来推测居住人群的特征，需要数以万计的数据维度来进行有效的数据分析。但是，这种分析方法恰恰是传统地理信息系统所缺的。

使用机器的方法同时至少可以分析几百个指标，完成多指标之间复杂关系的分析，做到传统方法无法达到的事情。在宏观上，从城市的区域潜力评估入手，得出城市发展方向的趋势判断；在此基础上，再进行微观分析，按照深度学习方法的要求，将更多的数据输入系统，经过长期的研究和模型训练，智能选址平台将会对地理数据的机器学习流程和自动化方案进行不断调整、优化，最终得出能够应对不同门店选址考虑因素、分析尺度的选址模型和解决方案。针对具体城市，可以根据市场潜力以及目标地点销售额等方面的预测给出量化指标，在分析速度和精度上远远超过传统的分析手段。

比如，腾讯云提供的智能选址为客户提供稳定人口和流动客流两种热力探查方式。局部细化支持细粒度至街道级别探索，通过客流变化，清晰解读城市职、住变化。在此客流热力的基础上，同时叠加了自有门店、竞品门店、增益品牌等信息，分析目标区域客流、店铺的增益、减益状况，精准锁定优质片区。

总之，人工智能给零售选址带来了积极的革新方法。基于人工智能的零售店铺选址及销售额预测，为国际知名零售商店铺扩张及布局优化提供前所未有的决策依据。在我国，智能选址将会迎来巨大的商业机会。这主要因为，零售业经历了从线下轰轰烈烈地走到线上，又从线上回归到全渠道发展服务客户的商业过程，所以线下的需求肯定还会重启，未来开店的需求将会持续增长。

（2）提升门店购物体验。消费者在门店内的整个购物过程也将会趋于更加便利和智能化。在"进店—逛店—选购—体验—支付—离店"的每个环节都会产生相应的数据，线下商家借助大数据分析和人工智能的感知识别技术对每位顾客进行识别与分析，最终给顾客呈现千人千面的购物体验。

首先，门店的各种终端机器设备具有了"类人"的决策行为。当传统零售行业门店的各个终端设备被人工智能赋能后，不仅具有展示商品的作用，更加具有能自动盘点商品、缺货预警等功能，替代零售行业长久依赖人力的现象。比如，商家获取客户的渠道和方式发生了变化，结合大数据技术可以做好门店用户管理，通过精准营销手段增加顾客复购率；比如，吸引顾客眼球的方式也发生了变化，原来的广告机将变成更多交互和吸引顾客眼球的智能交互终端。

其次，当顾客进入门店后购物将具有自助、智能的特点。通过顾客身份的识别，门口广告屏上会根据顾客画像展示个性化促销信息和专属产品推荐，为顾客推送最合适、最细致的销售方案和商品，可以大大缩短在线下场景中寻找商品的时间。当顾客拿起一个新商品时，在智能货架上将会出现这个商品相关的属性以及商品详情，顾客无须询问售货员就可以自助选择；结账时，顾客也可以通过智能收银台扫码支付，或者刷脸支付等。

最后，门店智能化改造后还有助于商品供应链的优化。比如，通过顾客行走轨迹、热力图和每个货架停留时长，可判断店内商品陈列是否合理；通过顾客购物的搭配分析可以推测哪些商品放在一起更加合适，促进用户"顺便买"。通过对消费者在线下门店的购物行为和消费情况进行分析，不仅可以掌握消费者的需求，而且结合企业内部及市场大数据来进行销售数据预测。这种商品销售预测将大大促进商品的实际流通效率，形成有理有据的商品销售趋势引导，避免出现好卖的商品常断货、不好卖的商品多库存等情况。

第二节　智能新零售中的新技术

一、大数据与智能新零售

（一）大数据时代带来了什么

1. 大数据的概念

随着智能手机、平板计算机、物联网等各式各样的信息交换媒介走入人们的生活，数据源呈现爆炸性增长，而产生信息的总量也随之迅速增加。从海量数据中提取有用的信息并加以利用是大数据时代背景下的战略性发展方向和要求。通过在海量数据中提取的有用信息，可以挖掘新的认知，创造新的价值，从而改变市场关系和组织结构。

最早提出大数据时代到来的是全球知名咨询公司麦肯锡。麦肯锡全球研究所发布研究报告《大数据的下一个前沿：创新、竞争和生产力》。该报告称："数据，已经渗透到当今每一个行业和业务职能领域，成为重要的生产因素。"

对于大数据的概念定义也有所不同。国际著名咨询公司 Gartner 对于大数据给出了这样的定义。大数据是需要新处理模式才能具有更强的决策力、洞察发现力和流程优化能力来适应海量、高增长率和多样化的信息资产。而另一家咨询公司——麦肯锡全球研究所给出的定义是：一种规模大到在获取、存储、管理、分析方面大大超出了传统数据库软件工具能力范围的数据集合，具有海量的数据规模、快速的数据流转、多样的数据类型和价值密度低四大特征。

大数据应用领域非常广泛。现阶段，大数据已经融入了生物医学、金融行业、制造业、电信行业等诸多领域，为这些行业提出了解决问题与优化服务的新方案。比如，在医疗行业需要解决医疗难题时，运用大数据技术可以挖掘出大量以往的相似疾病案例并加以分析，并对疑难杂症进行快速准确的判别。比如，在流行病防治上大数据也是非常有作用的。当流行病发生时，可以对疾病已有的扩散趋势和感染人数进行建模，对每一个时间节点的数据进行分析处理，从而对流行病进行统计研究。通过这种大数据的方法可以预测病情的扩散趋势，为疾病防治提供参考。再如，在疾病预防方面，可以将患者的家庭病史、医疗记录与个人生活习惯、饮食习惯、收入、教育等方面联系起来，通过与海量数据分析比对，研究这些健康影响因素之间的关联。通过对不同区域、年龄的人群进行评定，筛选出关键的健康影响因素，制作健康监测评估图谱数据库和知识库，从而提出有针对性的疾病预防措施。

2. 大数据的主要技术

大数据技术就是要解决数据暴增以及如何开发利用数据价值等的各类问题。这些技术包括数据采集与预处理、数据存储、数据查询分析、数据可视化等方面。

（二）基于大数据的新零售应用

1. 线上线下大数据融合

新零售中所使用的大数据可被划分为线上大数据和线下大数据两类。线上大数据是指消费者完全在互联网上的消费行为所产生的数据，如网购、网上支付等；而线下大数据则是指消费者在线下门店进行的消费行为产生的数据，这些消费行为可能不需要互联网的参与，也可能结合了互联网的某些应用，但是最终的实现是在线下。

借助相对成熟的互联网技术，线上大数据的数据收集往往十分容易。搜索引擎的关键词搜索、终端程序的交易记录、网站的访问记录等都是相对便捷易用的大数据收集渠道。与之相比，线下大数据的收集就困难许多。一方面，对大数据厂商而言，他们往往需要逐个与线下零售商对接并获取信息；另一方面，从零售商的角度而言，他们获取线下数据的方式也非常有限，只能从摄像头拍摄到的画面或者POS机的交易记录中得到少量的、片面的数据。

虽然线下大数据采集难度很大，但是它的潜力和发展空间却是巨大的。通常而言，线下大数据比线上大数据更能体现客户的消费心理，这是因为线下行为往往是用户付出了更多劳动所形成的，而线上则更容易操作，时间成本极低。比如，在网上搜索"宝马"和走进一家线下的宝马4S店所反映出的消费倾向是不同的，后者能更明显地反映出客户对购买的倾向，这才是零售商最需要的信息。当前阶段，随着互联网电商的流行，线下数据远远少于线上数据。Wi-Fi探针设备可以非常方便地获取开通Wi-Fi联网功能的手机的位置。

因此，打通线上与线下业务已经成为不少零售商的刚需，结合线上与线下大数据往往能给零售商更全面的优化。也就是说，商家通过线下大数据可以更加全面地了解客户的消费需求，而利用线上大数据可以研究消费需求和消费行为之间的转化。这种线上线下大数据相结合的分析方法，能够从根本上构建以客户为核心的经营模式。

在新零售阶段，虽然线上大数据的作用日益重要，但是，线下大数据尚且处于起步阶段。一方面是早期线下大数据未受到足够重视，另一方面因为其市场、技术等问题还有许多问题未被解决。在这方面，线下大数据厂商所能做的唯有不断地进行摸索，通过新技术的使用去探索更多的可能性。《中华人民共和国网络安全法》明确规定，网络运营者收集、使用个人信息，应当遵循合法、正当、必要的原则，公开收集、使用规则，明示收集、使用信息的目的、方式和范围，并经被收集者同意。尽管用户的设备信息并不能完全匹配用户的身份，但在用户输入手机号，获取验证码和登录 Wi-Fi 的过程中，就能识别出用户的真实身份，属于个人信息范围，获取未经同意的手机用户的个人信息，违反网络安全法等法律的基本规定。若是正常收集，没有用于其他目的，不能算违法，但收集方有保密和不得泄露的义务，出卖信息给他人等行为则属于非法利用。

2. 基于大数据分析的精准营销

大数据除了数据的量大之外还有一个重要的优势，就是数据来源不受限，即数据维度宽。企业可以从顾客购物时的每一次搜索、收藏、点击等行为勾画出用户画像，从而总结出顾客的消费倾向。随着大数据信任机制的逐渐建立，数据流通渐渐变得可行。许多零售商还能从其他平台获取顾客的其他数据，如基本特征、经济能力、消费偏好、家庭情况等信息。通过大数据分析建立顾客行为数据库，将对用户属性贴上标签，为每一名顾客建立用户画像和形成一张独特的消费图谱，从而根据用户的需求完成一对一的精准营销。因为对客户的充分了解，可以知道用户在什么时间需要什么商品，就可以进行精准推送。比如，某婴儿尿不湿品牌通过数据分析发现，某用户在过去的半年内，每隔两个月会到超市去买某品牌尿不湿，考虑到购买周期和品牌忠诚度，就可以借助电商平台对该用户进行广告推送。

大数据分析将为商场导购提供新的机遇。在传统零售模式下，顾客在商店里挑选货物的方式一般是自己挑选，或由导购员协助推荐、筛选商品。顾客因为对商家不够了解，也不可能在短时间内逛完整个店，所以在这种模式下，顾客往往会花费很多时间才能找到心仪的商品。如今因为大数据提供了技术支撑，针对特定用户进行基于大数据的精准营销导购服务就有了用武之地。通过分析消费者的个人消费图谱，导购员能够针对顾客的喜好对其进行精准地推荐，提高营业效率和质量，加快数据变现的速度。

从越来越多的精准营销案例中，我们看到了大数据的价值，也看到了互联网流量的价值。拥有中国最大社交平台的腾讯具有得天独厚的优势。

腾讯营销平台曾经有效地帮助迪卡侬百家新店的地推行动。在迪卡侬"百家新店"战略背景下，围绕线下实体店对周围目标用户进行有效辐射、营销活动宣传推广等方面仍有巨大提升空间。腾讯利用精细的地域定向功能，最小可以定位目标地方圆一千米内的有效目标用户，进行精准投放。此次尝试达到了非常好的效果，相较于传统推广效果提升了40%以上，而平均曝光成本远低于线下发传单成本。

3. 基于大数据分析的关联商品销售

大数据的特点是能跳过传统的因果分析，直接从数据中挖掘出事物的关联性。在零售业中，可以利用大数据的这一特性找出商品之间的关联性，挖掘出潜在的关联性需求，从而更合理地安排销售策略。典型的潜在信息来源就是消费者的历史购物清单、购物车等。通过对顾客的历史购物以及购物车进行比对分析，寻找出顾客更倾向同时购买的商品。

在传统的数据挖掘教科书中，"啤酒和尿布"就是个例子。因此，在安排货架时，可以按照分析的结果将关联性较强的商品相邻摆放，在方便顾客的同时也有助于激发顾客购买关联商品的兴趣；在电商平台上，也可以将关联度较高的商品进行联合推送。比如，当顾客完成了某个商品的购物后，根据对这个人的历史数据分析和购物画像模型，马上就可以推送其他一些商品。在顾客购买商品时，可以在数据库中查找这件商品的关联商品，在购物小票或者相关手机App上推送关联商品的广告。这种方式能够更精准地将广告投放到可能有相应需求的人群，使关联商品之间互相促进销量，增加零售商的总销售量。

二、生物识别技术与智能新零售

（一）常见生物识别技术

1. 人脸识别技术

人脸识别技术是指基于人的脸部特征，对输入的人脸图像或者视频流进行分析比较，进一步提取每个人脸中所蕴含的身份信息，并将其与已有信息进行对比，从而识别每个人脸的真实身份。广义的人脸识别包括构建人脸识别系统的一系列相关技术，包括人脸图像采集、人脸定位、人脸识别预处理、身份确认以及身份查找等；而狭义的人脸识别特指通过人脸进行身份确认或者身份查找的相关技术。

2. 指纹识别技术

指纹识别技术是利用每个人的指纹所具有的唯一性及终生不变性，通过将他的指纹和预先保存的指纹数据进行比较，以验证该用户的真实身份。指纹识别主要根据人体指纹的纹路、细节特征等信息对操作或被操作者进行身份鉴定。近年来，现代电子集成制造技术和算法研究的快速迭代，指纹识别技术已经开始走入人们的日常生活，成为目前生物检测学中研究最深入、应用最广泛、发展最成熟的技术。

3. 语音识别技术

语音识别技术是让机器通过识别和理解过程把语音信号转变为相应的文本或命令的技术。该技术主要包括特征提取技术、模式匹配准则及模型训练技术三方面，所涉及的领域众多，包括信号处理、模式识别、概率论和信息论、发声机理和听觉机理、人工智能等。随着大数据技术和深度学习技术的应用，语音识别技术变得更加普及。语音识别技术被认为是2000—2010年信息技术领域十大重要的科技发展技术之一。当前，这项技术已经很成熟。

（二）生物识别技术在新零售中的应用

1. 智能零售系统

新零售的未来离不开智能化，而以人脸识别为代表的智能互联、物联网技术则能够成为零售商家掌握消费者核心需求的第一抓手。在功能实现上，智能零售系统能够通过人脸识别技术帮助零售行业获取多个维度的用户数据，让商家更了解顾客的需求。主要应用包括用户画像、消费行为分析、会员识别管理、精准营销和智能零售终端等。该零售系统已在部分连锁便利店、健身房和品牌专柜上线，由数据驱动的新零售时代扑面而来，面临零售场所和消费观念的转变，传统零售体或将整合重组为由实体门店、电子商务、大数据云平台、移动互联网和人工智能构成的、线上线下融合发展的新型市场主体。个性化的需求在这种场景下将会得到充分的尊重，用户的需求和体验是第一位的。

2. 刷脸支付

这种支付方式非常便捷，可以帮助顾客省去记密码、输密码的麻烦，让人与钱包或银行卡实现"合二为一"，真正的"靠脸吃饭"。移动支付虽然也很方便，但毕竟手机还会出现没电、信号差甚至遗失等困扰，但自己的脸绝不会遇到类似问题，消费者自身便是行走的活体钱包或者银行卡。

随着技术的升级完善，现在刷脸支付完全可以做到秒识别与秒验证，并且高达 99% 的人脸识别率也大大降低了信息和密码被窃取的风险。除了支付渠道外，刷脸支付带来的场景体验让人耳目一新。而今，刷脸支付无疑比之前的种种支付手段更具场景魅力。随时随地、永不停电，而且识别率高，这种支付场景必然会受到那些更加注重品质与服务，更加追求个性化、多样化、高品质、体验式消费的年轻群体的追捧和青睐，而他们又正在成为未来消费者群体中的主力，因而可以预见的是，刷脸支付的前景将十分可观。但是，这种支付却存在一个很大的风险漏洞，那就是无法明确用户是否为自愿支付。因为系统只要识别出用户本人的脸即可实现支付，却不能分清楚是否是在用户真实意图确认的情况下进行的。

3. 指纹支付

指纹识别技术在新零售中最多的应用场合就是支付时的身份识别与授权。由于指纹识别所需设备小而精，在进行"可知主体"的比对时速度快、准确率高，因此指纹识别技术被广泛应用于手机等移动媒介的支付中。

使用支持指纹识别的设备时，用户的指纹通过指纹传感器进行采集和生成。考虑到指纹采集的设备有可能会受到污渍、扭曲等外部因素干扰，需要对采集到的指纹进行预处理，排除外部干扰，得到特征清晰的指纹图像，以备特征提取。经过特征提取的指纹会被存储到指纹数据库中，当用户使用手机进行移动支付时，指纹识别会对采集到的指纹信息与指纹数据库中的指纹进行特征比对。如果特征比对通过，即可完成身份校验，进行支付。目前，指纹识别技术广泛出现在手机支付的操作中，它能够代替密码进行个人身份识别，防止密码外泄导致的信息财产损失，对个人财产安全起到更好的保护作用。

4. 智能语音机器人设备

智能语音机器人语音识别技术在新零售领域的主要应用。从应用场景来看，这种语音机器人可以应用在各种商场购物现场。比如，通过商场内的导航、定位、人脸识别、语音交互、触摸屏交互等方式，成为顾客的贴身导购员，帮助顾客寻找心仪的家居产品。如，在商场的嘈杂实景环境内，"美美"机器人能够跟随消费者，并通过语音交互提供服务。

智能语音机器人除了用在线下购物门店外，还可以用在无人门店内。比如，阿里巴巴的"淘咖啡"就尝试了语音点餐的服务，客户的下单需求可以被语音识别系统迅速捕捉，并由智能系统语音提示进行确认，后台扣款，实现智能语音识别技术对线下零售的改造。

三、商品识别技术与智能新零售

(一) 常见商品识别技术

1. 重力感应识别技术

重力感应识别类似电子秤，系统提前在每个传感器上设置好每件商品的质量以及每克质量的价值，消费者从货架上取走商品，由传感器进行识别后将数据反馈给后台系统，柜门关闭时系统做出扣款指令。重力传感器技术通过传感器感应货架上的质量变化，以此来检测货物被取走或放回的行为。

2. 射频识别技术

射频识别（RHD）又称"电子标签""无线射频识别""感应式电子晶片""近接卡""感应卡""非接触卡""电子条码"。射频识别是一种非接触式的自动识别技术，它通过射频信号自动识别目标对象并获取相关数据，识别工作无须人工干预，可工作于各种恶劣环境。RFID技术可识别高速运动物体并可同时识别多个标签，操作快捷方便。RFID技术的应用领域众多，包括人员出入门禁监控管理、高速公路的收费系统、物流管理、自动控制、医疗应用等。

3. 图像识别技术

图像识别技术是以商品图像的主要特征为基础的计算机识别技术。每个图像都有它的特征，对图像识别时用户眼睛转动的研究表明，视线总是集中在图像的主要特征上，也就是集中在图像轮廓曲度最大或轮廓方向突然改变的地方，这些地方的信息量最大。而且眼睛的扫描路线也总是依次从一个特征转到另一个特征上。由此可见，在图像识别过程中，大脑必须排除输入的多余信息，抽出关键的信息。同时，在大脑里必定有一个负责整合信息的机制，它能把分阶段获得的信息整理成一个完整的图像映象。在图像识别系统中，对复杂图像的识别往往要通过不同层次的信息加工才能实现。对于熟悉的图形，由于掌握了它的主要特征，就会把它当作一个单元来识别，而不再注意它的细节。这种由孤立的单元材料组成的整体单位叫作"组块"，每一个组块是同时被感知的。在文字材料的识别中，人们不仅可以把一个汉字的笔画或偏旁等单元组成一个组块，而且能把经常在一起出现的字或词组成组块单位来加以识别。

图像识别中的模式识别是一种从大量信息和数据出发，在专家经验和已有认识的基础上，利用计算机和数学推理的方法对形状、模式、曲线、数字、字符格式和图形自动完成识别、评价的过程。模式识别包括两个阶段，即学习阶段和实现阶段，前者是对样本进行特征选择，寻找分类的规律，后者是根据分类规律对未知样本集进行分类和识别。这个模式识别的模板匹配模型简单明了，也容易得到实际应用。

（二）商品识别技术在新零售中的应用

1. 货架信息监控

在新零售时代，线下零售店内的运营日益数字化和智能化，货架监控是商品识别技术在新零售中最主要的应用。通过这种技术，商户可以快速地知道它们的商品在零售场景中的位置是否摆放得正确，价格是否合规，包装是否符合既定标准。对于零售商而言，要应对快速变化的零售市场，必须充分了解产品在各种消费场景中的销售情况；对于品牌商而言，则要更加快速地发现问题，如商品缺货情况、货架陈列不当，并加快新产品上架速度。

2. 无人零售柜

PickGo无人值守智能柜使用了许多新的技术。比如，利用首创的除雾功能、拥有无死角的分布式镜头布局有效解决上一代机器无法防雾的问题；采用多芯片分布式计算技术、新型MIPI接口及FPGA技术、图像拼接及识别技术，改变了传统的摄像头+GPU的机器视觉成本高昂的问题。PickGo具有成本更低、结算方便、识别性强、运营高效等多重优势，通过商品上的二维码进行视觉识别，且支持同时取出多件商品，在关闭柜门后短短十数秒内即完成结算和付款，让用户真切感受新技术带来的"拿来即走"的开放式消费体验。据介绍，未来PickGo无人值守智能柜还可以成为一位"营销专家"。在规划中的新一代产品上，将在顶部增加一个显示屏，通过智能人像识别技术统计人群数量，识别清晰范围内的消费者特征，对消费者进行画像，根据消费者的特点，在显示屏上实现广告的智能推荐。

四、移动支付技术与智能新零售

（一）移动支付技术

移动支付是允许用户使用其移动终端（通常是手机）对所消费的商品或服务进行账务支付的一种服务方式。移动支付将终端设备、互联网、应用提供商以及金融机构相融合，为用户提供货币支付、缴费等金融业务。

移动支付主要分为近场支付和远程支付两种。所谓近场支付，也就是面对面地扫码支付，或者用手机刷卡的方式进行支付。在这一类消费场景中，用户距离手机很近，可以对商品以及商家进行可靠性判断，确保交易的真实性和安全性。而远程支付是指通过发送支付指令（如网银、电话银行、手机支付等）或借助支付工具（如通过邮寄、汇款）进行的支付方式，如掌中付推出的掌中电商、掌中充值等，以及淘宝网购等都属于远程支付。相对于近场支付，远程支付更加便利，可以突破空间限制；但是因为没有面对面地进行身份确认，所以有可能造成错误操作。

（二）二维码支付技术

二维码支付是一种基于账户体系搭建起来的新一代无线支付方案。在该支付方案下，商家可把账号、商品价格等交易信息汇编成一个二维码，并印刷在各种报纸、杂志、广告、图书等载体上发布。

用户通过手机客户端扫描二维码，便可实现与商家支付宝账户、微信零钱账户的支付结算。最后，商家根据支付交易信息中的用户收货、联系资料，就可以进行商品配送，完成交易。该技术具有以下优势：一是技术成熟，二维码支付在国外发达地区已经拥有成熟的技术手段，这为国内二维码技术发展奠定了基础。二是使用简单，使用者安装二维码识别软件后，在贴有二维码的地方简单刷一下就可以完成交易。三是成本较低，由于技术的成熟、移动设备的普及，使得二维码支付成本变得很低。

（三）移动支付技术在新零售中的应用

对于新零售来说，移动支付不仅提供了一套便捷的支付方式，更为新零售提供了一站式门店营销解决方案。这种解决方案基于移动支付，整合会员管理与营销，以及线上线下相融合的智慧门店改造，以此构建"互联网+商圈"，赋能门店营销，实现新零售的突破。

从数据的发展角度来看，用户信息管理才是移动支付对于新零售带来的真正变革。由移动支付衍生出的电子卡券、电子会员等概念才是新零售背景下商家所需要的应用。而这种应用恰恰就是数据时代的基本特征，即数据化的商品服务模式。新零售时代，商家的重点在于经营客户，会员变得极其重要，80%的销量是从老客户身上产生的。所以线上线下互通的会员卡，已经成为实体零售商的标配。

事实上，过去也有相当多的零售商实行了会员制度，但是发行的基本是实体会员卡。这种线下会员卡所注重的是客户身为会员的身份，而不是客户的需求。一般的消费场景就是，客户带卡消费，凭卡享受优惠或者积分。其本质依然是以货物和商场为核心的业态。在小额零售中，现金和信用卡支付占了相当大的比例。这种传统支付形式不记名、难以识别消费者，即使是持会员卡的客户，也难以从中获得折扣和兑换以外的个性化收益。对商户而言，发行会员卡也只能在一定程度上增加客户黏性，难以进一步利用消费信息进行其他的营销服务。在这种功能单一的会员卡模式下，消费者在线上网店的消费信息和线下门店购物信息是难以互通的。

但是大数据时代的智能新零售将遵循用户需求是第一位的原则。客户信息和客户需求从哪里来？电子会员卡或许就是解决上述问题的方法。表面看起来只是将原来的实体会员卡电子化放到手机里，但是其背后需要的则是真实客户和大数据的支撑。派发电子会员卡对于商户来说，具有一定的技术门槛和规模门槛。有能力对消费者派发电子会员卡的商户需要满足三个主要条件——高频使用的App、能够支持移动支付、链接线下消费者。从目前的市场占有率来看，微信与支付宝在未来仍将是最强的两个电子会员卡提供商；而其他商家的市场份额不会有太大的增长。

在获取客户信息，让客户使用电子会员卡的改造过程中，移动支付将会扮演重要的角色。借助专业的数据交换服务商的帮助，商户能有效整合会员信息。但是，在开展数据整合和精准客户画像之前，移动支付是关键的客户入口。在购物时，收银员直接扫码，消费信息就会与电子会员卡关联起来。对于零售商而言，知道消费者是谁、在哪里消费、消费了什么，这些"人、货、场"相关联的数据对零售经营有着很大的帮助。比如，阿里和星巴克的联合就很好地阐释了客户管理的重要性。星巴克和阿里巴巴联手开创星巴克线上新零售智慧门店。消费者可以通过饿了么、盒马、淘宝、支付宝、口碑等多平台和星巴克自有应用的任一入口，访问星巴克线上门店，享受数字化体验；通过这次两大公司的合作，在未来这些入口还将与星巴克星享俱乐部会员系统连接，最终实现千人千店的客户智能服务模式。

五、物联网在新零售场景中的应用

智能新零售的快速发展影响着零售行业的其他传统配套行业，物流行业是受其影响最大的传统行业之一。消费者对物流的需求是多样化的，根据消费者的年龄、地区、消费习惯不同，对物流的需求也不同。物联网技术在智能零售领域最典型的应用就是物流配送。这是最具有现实意义的应用场景，可以大大提升商品流通效率，减少人力、货物装卸、仓储等物流成本。

（一）产品可追溯系统

为了保障食品安全，需要对应的可追溯系统。而要做到准确追溯货源，就要让每一次运输、进出仓库、上下架都要有明确的数据记录。这个过程需要借助 RFID 标签等技术。

（二）物流过程可视化

通过网络通信技术，可以实现物流配送过程中实时车货匹配，对物流车定位，以及货品实时监控、在线调度等功能。

（三）提高物流配送中心效率

借助传感器和 RFID 技术，可以实现对物流配送中心的智能化改造。比如，可以建立物流作业的智能控制、自动化操作，实现物流、信息流、资金流的全面协同，尤其是在智能分拣、库存盘点、商品管理等方面具有明显的作用。

六、AR/VR 与智能新零售

（一）增强现实与虚拟现实技术

1. AR 和 VR 的概念

虚拟现实技术（VR）是一种可以创建和体验虚拟世界的计算机仿真系统。最早是由美国 VPL 公司创建人拉尼尔在 20 世纪 80 年代初提出。该技术可以利用计算机生成一种模拟环境，是一种将多源信息融合在一起，并能与用户实现交互的三维动态仿真系统。这种系统可以让用户沉浸其中，充分享受到虚拟世界带来的"真实"感受。虚拟现实是多种技术的综合，包括实时三维计算机图形技术、广角（宽视野）立体显示技术、对观察者头、眼和手的跟踪技术，以及触觉反馈、立体声、语音输入/输出技术等。

2. VR 的主要应用

VR 技术在生活中的应用领域众多，涵盖各种生活场景，包括医疗、教育等。在实际落地过程中，将会从最实用的、需求最广泛的领域开始，不同时期会有不同的侧重领域。前期应用会以游戏和电影等娱乐形式为主，后期将在远程医疗、康复陪护、辅助教学、会议等领域展开应用。

除了娱乐方面，VR 技术在消费、旅游、医疗、体育等各个领域的运用越来越广泛，与普通人的关系也越来越紧密。目前，已经有美国医疗机构开始将 VR 设备引入工作流程中，并取得了一定经验。从目前的使用情况来看，未来将会是一个巨大的应用领域，但是目前其市场价值还难以估算。

3. AR 的主要应用

与 VR 技术相比，AR 技术具有更广泛的应用领域。一方面，AR 可以用在与 VR 技术相类似的领域，如尖端武器、飞行器的研制与开发、数据模型的可视化、虚拟训练、娱乐与艺术等领域。另一方面，由于 AR 具有能够对真实环境进行增强显示输出的特性，在医疗研究与解剖训练、精密仪器制造和维修、军用飞机导航、工程设计和远程机器人控制等领域，具有比 VR 技术更加明显的优势。因此，在当前的新零售产业发展中，AR 技术与 VR 技术将会得到大量的应用。尤其是零售领域，AR 技术比 VR 技术应用更广泛。如今 AR 技术已经大量地用在了各种新零售的线下体验馆。

（二）AR/VR 技术平台进入深度应用期

无论 AR 还是 VR，已离开技术"炒作期"，正在向行业纵深拓展，并带动着行业应用的悄然崛起。

各大互联网巨头都已经在大力布局 AR 与 VR 技术。亚马逊发布 AR/VR 开发工具 Sumerian，可以让开发者轻松创建和运行 AR、VR 及 3D 应用程序。谷歌正式发布 ARCore1.0 增强现实开发包，开发者可以据此开发各种 AR 应用。国内公司 BATJ 在 AR/VR 领域也很早就开始了技术布局。腾讯正式对外开放 QQ-AR 平台，以期构建 AR 产品生态。京东将面向 AR/

VR 领域的"天工计划"升级至 2.0 阶段，升级的计划包含京东天工 AR 开放平台、京东 AR 视界、京东试试三大业务，将为合作伙伴提供技术开放、资源开放、服务开放带来积木化的"AR+无界零售"解决方案。阿里巴巴除了将大量资金投向美国增强现实技术开发商 Magic Leap、瑞士 AR 汽车导航公司 WayRay、以色列 AR 镜头制造商 Lumus 之外，也在建立自己的增强现实应用，并推出了"AR BUY+"平台。

（三）AR/VR 在智能新零售的应用

1. 互联网电商将 AR/VR 技术用于购物场景中

近年来，随着 AR/VR 技术应用的不断完善和推广，在新零售的各领域开始看到了它们的应用。纵观国内外，各大互联网电商巨头，无论是 eBay、亚马逊、宜家、Target 还是国内的京东和阿里巴巴，都在纷纷押注 AR/VR 技术在购物领域的应用。

首先看一下国外公司的新零售应用。比如，eBay 与澳大利亚百货公司 Myer 共同建立了一家 VR 商铺；eBay 又与汽车厂商合作推出了新的 AR 功能，可以让汽车爱好者在购买车辆之前，就借助 AR 技术看到新车轮的图像显示在车辆上的效果。再如，亚马逊，发布实体和电子同步的 VR 购物应用平台；后来又开设了 AR 家具店；亚马逊申报了"混合现实"智能镜子专利，能让用户在虚拟位置进行虚拟试穿，避免了出现买到的衣服不合身的情况。

2. AR 在购物领域的应用

线上线下的融合不再仅仅局限在渠道的融合，而是体验、场景、消费者以及数据的融合。而在购物中运用 AR 技术或许是很好的破题之策，因为在线上线下融合的多种购物场景中，AR 的优势比较明显。AR 的优势主要概括为以下几方面：一是增加线上购物的真实感，让消费者足不出户就能获得店内购物体验；二是增加线下购物的便捷性，AR 的可视化可以让消费者更加方便、高效地挑选商品；三是通过减少库存来节约成本，借助 AR 技术零售商不需要提供各类实体商品供消费者试用。

以亚马逊为例。亚马逊联合苹果商城，上线了名为 AR View 的购物功能，使 iOS 用户通过使用亚马逊 App 就能率先体验到 AR（增强现实）购物的乐趣。值得一提的是亚马逊的 AR 试装专利系统（"混合现实"智能镜子），该系统将放置在镜子后面的显示器组合在一起，显示出黑暗和光线的图案，使得通过镜子可以看到诸如衣服和背景的图像。简单来说便是消费者站在镜子面前，通过挑选自己中意的衣服便可在镜子中直观地看到衣服穿在身上的样子。通过 AR 试衣的方式，可以减少店面试衣间占地，免除了消费者频繁换装的麻烦。通过这种技术，亚马逊将虚拟世界与真实世界无缝衔接，为消费者带来真实场景的购物体验与便捷的购物方式。

以阿里巴巴为例。阿里系使用 AR 技术辅助购物的一个应用是淘宝 AR 红包雨。这个软件通过扫一扫天猫活动 Logo，触发之后就会随机掉落红包。借助 AR 技术的"扫天猫"活动最终获得了近 16 亿次的扫描，为天猫平台吸引了巨大的流量。

以家居购物为例。家居购物也是 AR 技术的重要应用领域。宜家推出了具有 AR 功能的"Ikea Place"应用。该软件可以满足消费者对于家居自我设计的个性化需求。用户打开 Ikea Place 后，通过扫描放置家具的地方，浏览清单列表时将产品移动到指定的位置，就可以看到家居产品在自家的 3D 效果图。"打扮家"是另外一家家居品牌。推出"AR 家居"新品，通过品牌导购 App 及移动端硬件的结合，用户选择喜欢的家居产品并设计家居摆放位置，还原现实场景下的真实摆放效果。"AR 家居"通过大数据的高新技术解决了传统家具产业的低效协作问题，有效地解决了消费者的室内家具设计问题并节省了消费者的选购时间。

3. VR 技术在零售中的应用

通过 VR 技术可以让用户在家实现"身临其境"的购物感觉。可以预见，VR 技术将会成为未来广大消费者的网络入口。这一点类似于现在 PC 的网络入口。人们只需要戴上 VR 头显，就可"穿越"到商场、购物街、超市、美食店、体验店等任何场景，选择心仪的商品，眨眨眼动下手指就可以下单，所看即所得，如亲临购物场景一般，可节省不少精力和时间。

通过 VR 技术可以让用户看到商品的整个生产过程。比如，在未来，买一包薯片之前，可以通过 VR 技术来到生产车间，看看马铃薯的清洗、切片过程；买茶叶，可以看到一位茶农杀青、烘干的制作茶叶过程，甚至也可以看到包装、运输等过程。

无论是 AR 还是 VR，都为智能新零售开辟了一个新渠道，消费者能足不出户体验实体店。利用技术构建的一比一全真模拟实体店，配合全渠道物流可以满足消费者绝大多数的需求，完全实现线上线下一体化的目标。

第三节 智能新零售的未来

一、技术应用趋势展望

（一）人工智能将促进零售业态全面升级

1. 硬件技术行业进入快速发展期

随着神经网络芯片、深度学习算法以及大数据、云计算等领域相关技术的逐渐成熟，人工智能行业也开始进入黄金发展期。近年来，机器学习硬件蓬勃发展，尤其是针对深度神经网络的硬件快速成熟发展和成本下降是行业发展的重要基础。基础层主要以硬件为核心，其中包括 GPU/FPGA 等用于性能加速的硬件、神经网络芯片、传感器与中间件，这些是支撑人工智能应用的前提。这些硬件为整个人工智能的运算提供算力。

近年来，应用于人工智能领域的芯片技术发展速度非常快，已经为各种"AI+"的应用爆发期提供了硬件基础。

2. 基于深度学习的各类算法趋于成熟

（1）语音识别技术是最早落地的人工智能技术。国内外各大公司纷纷宣布在该领域的技术先进性。

（2）计算机视觉技术全面投入应用。计算机视觉在图像识别和人脸识别两大领域都已经取得了较高的准确率。

（3）认知计算技术将更加趋于成熟。认知计算指的是机器通过与人的自然语言交流及不断学习从而帮助人类完成更多任务，通过技术与多个学术领域的结合，使人们更好地从海量复杂的数据中获得更多洞察，从而做出更为精准的决策。认知计算与传统计算最大的不同之处在于，传统计算技术处理的都是结构化数据，而认知计算主要是使用人工智能和机器学习算法来对海量的结构化和非结构化数据进行培训，以便感知、预测、推断和思考，从而扩展人类或机器可亲自执行的操作，包括辅助人类进行决策。

（4）物品识别技术将得到广泛应用。物体识别主要指的是对三维世界的客体及环境的感知和认识，属于高级的计算机视觉范畴。随着人工智能、大数据和深度学习技术的不断发展，以及3D传感器、深度摄像头等硬件的不断升级，利用深度学习技术进行三维物体的识别，逐渐受到苹果公司和高通等厂商的重视，并被植入硬件产品。

3. "AI+"市场应用前景广阔

市场规模巨大且增速可观。全球人工智能市场规模未来10年将保持年均50.7%的增速增长，到2025年，全球规模将达369亿美元。行业整体融资规模持续增长。人工智能将促进全球经济实现大幅增长。到2035年，人工智能将使美国、芬兰、英国、瑞典、荷兰、德国、奥地利、法国、日本、比利时、西班牙、意大利这12个发达经济体年度经济增长率提高一倍，有潜力拉动中国经济增长率上升1.6个百分点。各国政府及科技巨头均积极抢占人工智能发展机遇。其中，美国从技术和国际影响力两方面全方位谋求人工智能行业话语权。科技巨头在发展自身核心技术的同时，通过并购、战略合作等方式，打造各自的人工智能生态圈。

4. 零售业成为人工智能应用的重要领域

在未来，更加智能化、自助化的零售模式必定会成为主流。智能技术将融入购物的各个环节，优化购物体验、革新购物模式。

（1）智能新零售将会是从人工智能所带来的发展创新中受益最多的产业。据埃森哲预测，到2035年人工智能可以给批发零售业带来超2万亿美元的额外增长，即额外增长36%。

（2）智能新零售也将是最考验人工智能技术的领域，即使相关技术已经相对成熟，但距离大规模商业化落地还有一定的距离。比如，在无人零售领域，因为需要满足人类包括情感方面的各类诉求，无人零售的实现难度将大大高于其他细分领域。

（二）大数据技术将继续助推零售业变革

云（云计算、大数据）、网（互联网、物联网）、端（各类终端设备）构建起"互联网+"下的新社会基础设施，为新零售准备了必要的条件。伴随着基础设施，产生了大量的数据。这些数据已经不再是IT设备的附属产品，正在成为独立于IT设备之外的新的生产要素。而从零售的历史来看，数据在重塑零售商与顾客之间互动关系方面一直在发挥着重要作用。

第一阶段是通过 POS 系统获取基础数据，以及由此建立的会员制度；第二阶段是通过移动端和社交媒体获取更多有效的消费者信息；第三阶段是结合更多终端设备完善商户线下应用场景，实现设备与人之间的实时互联；第四阶段是通过远程无线技术（LoRT）搭建物联网，帮助零售商能够从互联的零售系统和设备之中获取用户数据。

1. 企业通过数据管理与挖掘可以更好地服务用户

一是服务于企业内部，实现企业自身的数字化管理。对于传统零售行业而言，企业内部管理的效率非常低，通过数字化改造之后可以极大提高企业内部信息同步的即时性。二是在消费者层面，可以提供个性化、多元化的服务。当零售企业掌握顾客更多的消费行为数据以后，平台方可以借助这些信息开展商品的个性推荐以及精准营销。

2. 企业通过数字化技术改造门店业务流程提升运营效率

随着智能设备、移动互联网、人工智能等领域技术的应用，零售门店的数据获取能力将大幅提升，数据清晰度也大幅提升。比如，移动支付可以让零售商知道，门店附近具体到某位消费者在购买哪一件商品。再如，过去对店员的精准管理是零售业运营中的一个难点，而盒马鲜生通过将门店每个作业环节都进行数字化管理，进而掌握了每天每个员工干了多少活，有效工作时间是多少。

3. 大数据将有助于企业开展全渠道营销

在未来，全渠道营销将成为企业营销变革的必然方向。全渠道营销不仅涉及线上线下渠道以及内部数据与外部数据的交叉与融合，而且几乎覆盖企业的所有工作流程，如信息展示、商品体验、订单购买、支付、物流配送，以及售后服务等不同环节。在每个环节通过大数据技术就可以深度洞察用户需求、建立精准用户画像，为不同客户提供不同的产品和服务，实现个性化和精准化营销。

(三) 区块链将推动消费数据的资产化运营

随着"大数据+人工智能"等技术的落地应用，数据价值的重要性已经变成共识。许多企业都逐步从大数据驱动企业发展过程中获得了实际的收益和效果。以数据营销为例，通过数据分析构建出全方位的用户画像，并以此为基础进行智能营销，从而帮助互联网企业提升收益；但这些数据的所属权、隐私保护、商业价值利益分配等一系列问题都没有得到法律法规的确认。

而在智能新零售行业的发展中，要想发挥各类消费数据的价值，实现消费数据的资产化运营，就需要找到合适的技术来解决数据权属和隐私保护问题。

区块链技术正以其去中介、防丢失、防篡改、易溯源等特点逐步作为各种应用场景的载体，它和密码学的结合，能给人们提供解决数据隐私和数据所有权等问题的希望，使消费者拥有自己数据的所有权成为可能。

区块链本质上是一个"去中心化"的巨大账本数据库，适应了数据资产化运营的需要，必然会迅速蔓延整个零售行业，尤其是电商行业。应紧紧抓住时代的脉搏，促进本行业更好地适应新零售下的大环境。

（四）物联网将成为零售业变革新的基石

物联网被称为继计算机、互联网之后，世界信息产业的"第三次浪潮"。万物互联作为未来社会的发展趋势，其技术进步和应用进展一直是社会关注的焦点。如今，"互联网+"时代正在逐渐向"万物+"迈进，所谓"万物+"，即以"万物有芯片、万物有传感器、万物有数据、万物有智慧、万物皆在线"为基础，构建人、数据和设备之间自由沟通，产品、流程、服务各环节紧密相连的全球化网络。与互联网相比，物联网在互联、赋能、协同、创新等方面实现了进一步的全新突破，从长远来看，物联网更有望成为后金融危机时代经济增长的引擎。

瞬息万变的市场环境、琢磨不透的客户需求以及海量的业务数据挖掘决定了零售业是物联网应用的热点行业之一。近年来，物联网技术在零售业已经得到了长足的发展，越来越多的零售企业正在实施物联网项目。商业巨头如阿里、京东、亚马逊等已经牵手科技领域，将越来越多的"黑科技"应用到日常商业中，如无人超市、无人贩卖机等，让用户享受刷脸进店、智能推荐、自动结算等一系列的购物新体验。

1. 物联网技术是无人零售中的关键基础

无人超市的核心在于"无人化"运营，其发展的关键基础就在于物联网技术的高效运用。目前已有的无人商店可从物联网技术应用上大致分为三个流派：AmazonGo、淘咖啡及TakeGo等可划为第一个流派，主要采用机器视觉、深度学习算法、传感器融合技术、卷积神经网络、生物识别等大热的前沿技术，辅以 RFID 技术。第二个流派则主要是缤果盒子、罗森日本无人店，以 RHD 标签技术为主。第三个流派则是像便利蜂、小 e 微店等，主要利用二维码来完成对货物及付款流程的识别，优势是成本低，与传统零售接洽较近。此外，从入店、购物到结算各个环节，还涉及大规模的传感器和智能设备。加载了各种传感设备且融入"网"中的生产机器，将不再仅仅是单一的加工或生产设备，机器与机器之间可进行联络、协作，构建一个无处不在的感知及全分布式控制的智能化制造系统。

2. 物联网技术为物流供应链管理提供基础保障

RFID 技术作为物联网的重要技术之一，也被广泛应用在物流供应链管理中。具体应用于仓储物流供应链管理上，可以降低供应链上的存货量。利用无线电波实现真正的"一物一码"，能够迅速地进行物品追踪和数据交换，节省大量的人力，大大提高工作效率。同时通过物联网技术还可向企业随时报告货物停留位置、是否报关等信息，并可实时监控周遭环境的湿度、温度、货物状态等，实现完全的物流可视化。

部分零售企业已经享受了物联网技术红利，国际零售业巨头沃尔玛就是物联网时代信息技术的得益者之一。沃尔玛很早就利用 RFID 技术从前端建立海量的信息库，借助其完善的信息化策略，采用商业智慧的方式捕获、处理、建模、估算、汇总、排序、预测和分析企业运营状况、客户价值分析、物流分析等，获得与客户、服务、产品及市场策略相关的信息。在沃尔玛的零售商业生态中，物联网以一个完美的闭环，规避了因信息得不到有效利用而造成的商业机会的错失，为企业提供新的利益增长点。

此外，万物互联还能打破垂直行业的"信息孤岛"，将生产者、消费者、经销者、管理者和调度者以及设备和服务连接起来，带动人和物、物和物的高效协同，实现增值服务。可以说，未来智能新零售的发展离不开物联网技术，物联网技术革新必然会给零售业带来巨大的变革及深远的影响。

二、零售产业发展趋势展望

（一）用户至上的理念将更加突出

在传统零售时代，由于物资匮乏、技术手段落后等原因，零售市场是围绕着"货—场—人"的次序展开的。在这种经营理念和市场模式下，消费者没有太多选择的余地和权利；而且由于货品短缺，即商品供不应求的状态，决定了商家缺少提升商品品质的原动力。

后来随着新技术、新模式的发展，商品的供给不断加大，商品的品类、数量大幅提高，于是"货、场、人"的布局就开始向"场、货、人"反向演变，销售的渠道成了零售的核心要素，变成"渠道为王"的年代。而到了现在，商品、渠道的数量已经不是核心竞争力，而消费者将作为整个零售的中心，引领零售的方向，也就是"人、货、场"的时代。

这是零售市场竞争更加激烈的必然结果。在商品极大丰富的大背景下，零售的发展，已逐步走出以商品为中心的模式，转向以消费者为中心。商业零售将围绕用户生活需求来进行布局，即如何从内容、形式和体验上更好地满足消费者的需求，将成为未来零售经营的核心。为了更好地体现用户至上的理念，零售企业需要做到以下几点。

1. 充分利用数据技术开展用户画像

管理大师德鲁克说过，要知道你的顾客是谁，这是销售最重要的事情。大数据可以帮助零售商精准掌握消费者的用户画像，比如什么收入水平、什么样的习惯爱好等。借助360度的用户画像就可以为用户提供更精准的商品、服务，来建立消费黏性，形成消费闭环。

2. 在商品设计方面要体现出四个"好"

"好用"，也就是商品品质要高；"好看"，也就是商品的包装要精美；"好玩"，也就是商品自带融入感，比如具有社交属性；"好拿"，也就是全渠道营销，让消费者能够更加方便地获取商品。

3. 在商品消费环节要设计"沉浸式"场景

销售的场景将会从以前商品的展示与售卖场地逐步向消费者的生活方式演变，也就是"沉浸式"营销模式。消费者进入商场不再单纯为了购买商品，而是除了家庭、工作，第三个生活场景的延伸。当消费者融入场景后，就会不自觉地发生购物行为。

（二）无人零售将迎来新一轮发展

不过从行业趋势来看，无人零售、自助零售在成本、效率、体验等方面都具有得天独厚的优势，无人零售行业的爆发性发展指日可待。首先，无人零售将打破零售在时间上的限制，将零售轻松延长至24小时，使得消费者可以全时段购物；其次，无人零售将打破零售在空间上的限制，通过智能化的设备，购物数据的采集、分析，开店将变得非常容易，未来消费者可以随处购物，而且，门店会根据消费者购物行为和购物喜好，不断迭代店内产品，为消费者提供更好的服务；最后，无人零售将极大地提升用户体验，通过数据处理与智能化应用，使得消费者可以获得最精准的营销与最贴心的服务。同时，无人零售将去除购物过程中的人为不利因素，如情绪因素、疲劳因素、出错因素等，使服务更为标准化。消费升级是一个不可逆转的过程，消费者永远都会选择更优质的服务，不可回退，所以在未来，更加智能化、无人化的零售形式必定会成为主流。

目前随着人工成本和门店租金的大幅上涨，网络基础设施的规模化效应和移动支付的普及，尤其是物联网技术和各种识别技术的快速成熟应用发展，无人零售已经具备加速发展的客观条件，加之资本入局，无人零售将进入快速扩张阶段。自动售货机作为其中重要业态之一，有望迎来新一轮爆发。

(三) 全渠道营销将成为零售新常态

1. 线上线下相互引流将成为常态

未来的零售模式没有线上线下之分。因为技术的进步、移动互联网的普及，以及互联网下成长的年轻一代成为主力消费后，线上线下的界限越来越模糊了。同一群消费者既会是线下顾客，也会是线上顾客。他们在线上线下是来回穿越的。所以，未来的零售商需要同时具备线上、线下两种能力，并且拥有足够技术能力能打通线上线下。从库存、会员到服务、营销，都将是线上线下高度融合的，零售商必须提供体验更好的商品与服务。经过测算，现在一些大型电商平台获得一个新用户的成本达到了 600~700 元，这是电商零售必然要往线下延伸的客观要求。未来的零售市场必将是更加充分的二维市场结构空间。市场不会再回到单一的线下市场结构，只有实现二维市场融合规划，协同发展，才能把握市场的全部。

因此，智能新零售的发展必定是围绕如何统筹规划、融合好这两个二维市场的方向。单一的线下，或者单一的线上都不完整。全渠道可以有两个实现方向：以线下为主，把线上流量导入线下；以线上为主，把线下流量导入线上。线下与线上市场必然是协同的，目标是一致的，不是竞争关系。不能把线下与线上割裂开来规划，自我产生竞争。

2. 电商平台将呈现"去中心化"流量趋势

流量已经成为零售业中最核心的竞争领域。在流量零售的模式下，所有的顾客一定是注册的、可链接的、可统计的、可管理的、可互动的。零售的经营将用一切有效的方式影响消费群体，逐步打造成终身价值消费者。电商巨头将继续高举高打，不仅将全渠道落实到更多零售实体业态，还会把电商平台的流量中心化逐渐开始向去中心化演变。这种流量去中心化的演变模式主要源自微信的普及和微信对基础设施搭建的基本完成。商家和品牌商可以用公众号、小程序等构建自有平台，为线上线下提供统一服务，实现会员、营销、交易等业务的无缝连接，并且通过有条件地获取各自的流量和粉丝，实现独立运营。

网络社群流量将成为新零售发展的重要方向之一。社交力、社群力正在成为新的零售营销影响力。在互联网环境下，社群影响已经成为消费购买的主要影响要素。社群零售通过搭建不同爱好的兴趣社群，通过社交渠道让用户主动分享传播，让人和物的匹配效率更高，实现了原来关键词搜索时代不能实现的精准定位。在网络社群平台，消费者不仅可以获得一个品类丰富、汇聚海量商品的购物平台，而且还可以获得一个生活消费分享平台。在开展网络购物的同时，还能享受到网络社群交往的快乐。

3. 社区零售将成为一种新的零售业态

在场地租金攀升、企业利润下降的大环境下，门店越开越小已成为中国实体零售不可阻挡的发展趋势，便利店、精品超市、社区型购物中心等社区商业将成为零售企业寻求转型升级的重要方向，成熟周期短的社区零售必将成为支撑行业发展的重要推手。从长期发展来看，小而美的社区化零售业态将更符合新形势下消费市场的客观需求。社区作为线下主要流量入口的作用将愈发重要。通过为消费者带来便利的购物体验，帮助消费者省时省事来吸引消费者，增加用户黏性。

社区消费不仅可以培养线下用户社群，还可以增加销售收入。一般来说，开在社区的超市，售卖的生鲜价格可以做到比大卖场贵10%~15%，因为社区超市为消费者提供了购物便利性价值。消费者愿意为便利和省时来支付更多费用，年轻一代的消费者更是如此。所以，社区消费可以提供更多新的商品形式以满足消费者更多的需求，比如提供易于烹饪的半成品、无须存储更省事的商品包装、餐饮化的体验，以及提供更快速的配送到家服务等。

(四) 零售供应链将成行业争夺热点

1. 新零售将重构供应链

新零售中的供应链，有别于传统供应链和点对点供应链，它更多是基于互联网大数据技术和信息系统，智慧化、数据化、可视化的变革是供应链服务提升的基础，在此之上才可能衍生出更多的增值服务，零售供应链将变得更加透明和高效。

融合"商品、供应链、大数据"三个重要因素的新零售供应链将会得到重构，不仅将这三者之间的距离拉得越来越近，而且让"大数据"在"供应链"及"营销"等多种场景下得到应用。

(1) 智能分仓。借助大数据分析预测，针对不同区域提前安排商品的种类和数量。比如，蒙牛通过开设前置仓，可以将蒙牛的爆款商品以最快的速度送入其线下600万家小店，十分具有时效性。

(2) 仓储便利。将门店作为仓库的载体，实现店仓结合。例如，雀巢的"实库虚库—盘货"就是典型的店仓结合，利用本地仓和门店发货，全面提高当日达和次日达的比例。

(3) 配送快捷。新零售供应链中，最重要的就是快速响应的能力，在供应链体系中，无论是商品流、信息流还是现金流，都需要做到非常快速的响应。比如，五芳斋的"C2B供应链"，在消费端可以先让消费者选粽子馅料，随后快速反馈到工厂加工，再快速配送到消费者。再如，目前现有的生鲜类供应链可以实现生鲜最快30分钟送货到家，这有时比消费者下楼买菜更方便。

2. 重视零售供应链创新已成为社会共识

传统供应链的信息系统无论从底层结构还是从逻辑上来看，都已经无法解决智能新零售时代企业面临的各种复杂问题，如企业全渠道订单处理、实时异常处理、跨渠道商品交付等。同时，传统的供应链信息系统会导致各个应用场景的割裂，导致"数据孤岛"的形成，让零售商无法将重要的内部数据进行流通共享和二次利用。因此，新的零售供应链将要求把信息和数据在全产业链流通起来，使下游终端、次终端以及渠道等与上游一起产生的巨大协同效应。从行业发展方向来看，重视零售供应链创新已成为社会共识，得供应链者得新零售。

第三章

新零售的场景化、生态化与垂直化

第一节　新零售的场景化

一、难以代替的实体店体验

在电商发展之势不可阻挡之时，包括阿里巴巴、亚马逊、当当网在内的各大电商企业又纷纷布置起了线下业务。电商企业的这一举措意味着实体店又将展现出复苏之态，纯粹的电商已不再是未来购物的大潮。

在网购浪潮蓬勃发展的时代，越来越多的消费者感受到了电商带来的便利，但仍不乏消费者愿意出入各实体店，挑选自己心仪的产品。

提起电商，相信大多数人都不否认它的价格优势，对其产品购买的随时随地性。然而，现实生活中很难有十全十美，网购也不例外。无法把控的质量、与图文大大不符的实物，还有各种各样的假货，更不用说协商、退货、退款这类麻烦事。此外，对快递无尽的等待也可能会消磨消费者的耐心。

相比而言，实体店具有许多电商平台所不具有的优势，其中最大的优势就是"实景体验"，对商品的"亲眼所见"是电商不能媲美实体店的。

在实体店购物，消费者可以更为直观地看到产品，可以用自己的各种感官来评判商品的质量。对于服装这一类产品，通过图片往往很难确定它的上身效果。在实体店，消费者可以直接试衣，商品合适与否显得更为直观，可以实际接触商品，亲身感受商品的材质、质量，以及上身效果。

实体店特有的场景化设计是电商平台用再多的科学技术都无法媲美的，场景化为消费者购物增添了几分乐趣。作为家居用品行业的"领头羊"，宜家家居展现在消费者面前的不是整齐排列的各种商品，而是一种"生活"方式与品质。商品以场景化的布局展示，让消费者感受到了家的温暖。通过家具的真实摆放，更将消费者想象中的房子展现在他们面前，用一个一个切割的生活空间吸引消费者的目光。线上宣传、线下交易，宜家家居的成功亦向大众展示了新零售时代线上线下融合的成功。

产品以组合的方式出现，这在宜家家居的网上商城或是实体店中均是如此。单一产品的出现也许并不能引起消费者的兴趣，但当看到配套使用的产品时，消费者的想法也许会产生较大的改变。原本只想购买一种产品，最终却被组合套装深深吸引，多买一些也许也不成问题了。

物品陈列在网上商城时，消费者首先看到的是一张一张完整的客厅、卧室、厨房等的布局图。消费者受到整体风格、摆设的吸引便会点击图片查看细节物品，如此一来，消费者能够实际感受物品在摆放中会展现怎样的形态。这种方式以更为形象的方式为消费者提供了搭配方案。

有些消费者喜欢足不出户在家里享受网上购物的乐趣，但许多消费者仍偏爱在马路、商场上边走边买心仪的物品。逛街不仅仅是一种购物的方式，还可以满足消费者休闲、娱乐的社交需求。有时逛街并不一定是要买什么，而是一种与朋友实地相处的方式。特别对于女性群体，逛街的乐趣妙不可言。网络中的物品往往是平面化的，但在现实生活中物品往往是立体的，这也是为什么有些产品放在网络平台中常常被人忽视，但在实体店中却能被人一眼相中。通过真实的接触让消费者感受到产品的价值是实体店的价值所在。

实体店购物带给消费者的不仅仅是真实的体验、场景化的体验，各种实体店在一定程度上满足了消费者的社交需求。在当今的发达社会，大多数人已不再满足于简单的生理与安全需求，社交需求亦成为基本需求。逛街是一种生活方式、精神消费。与朋友、亲人一起逛街、购物，也许并不是真的想买东西，只是简单地想有一个相处的机会，而这在电商平台确实很难做到。

由于人们具有体验需求、社交需求等这些实体店所具有的功能，电商不可能在未来的日子里毫无阻碍地快速发展，新实体店也不会毫无竞争力可言。对于电商平台而言，积极与线下平台合作才有可能在未来的零售市场有立足之地。

零售商要做的就是要把线上和线下结合起来，不仅关注线上平台的开发，还需要给用户提供强大的实体店体验。实体店与电商的结合，将会成为未来消费的新零售经营模式。以用户体验为中心，打造场景化的布局，满足消费者需求，提供一个便于社交的场所是线上线下融合的目标所在。

二、从经营商品到经营顾客

对于传统的零售业而言,卖出商品收获利润也许是最为看重的目标,但在新零售时代,这样的商家会越来越难获得消费者的认可。因为个性化是现代人的追求,所以消费者的主体性表现越来越强,这是零售业要关注的重要方面。对于新零售而言,我们要时刻记住:顾客的价值变得越来越重要。

在传统的零售业中,大多商家仍是以产品为中心的。在营销推广中,更多的是在介绍产品的性质、产品的功能,强调商品的价格。虽然越来越多商家开始发现顾客的个性化追求,意识到顾客体验的重要性,但是在实际的市场操作中,仍然会受到各种制约,真正要做到"以顾客为中心",任重而道远。

在新零售中,以产品为中心往往很快被市场淘汰,而将消费者放在极其重要的地位,以顾客为中心才能够收获长久的效益。有专家认为,互联网时代的经济公式:$E=MC^2$,经济 = 商品 × 人^2。其中,M 是指商品(Merchandise),C 就是消费者(Customer),C^2 就是消费者的二次方,所以人是让商业的原子弹爆炸的关键。如果我们只会经营商品,而不会经营人,企业的发展就很可能被卡在这儿。从这个公式中就可以看出顾客的力量之强大,顾客所带来的效益并不是简单的成倍增长,而是成平方倍增长。

以太网的发明人梅特卡夫提出梅特卡夫定律(Metcalfes Law)也证明了顾客、用户的重要性。这个定律说,网络的价值与网络规模的平方成正比。具体表现为网络价值与网络节点数的平方,与互联网用户的数量的平方成正比。也就是说,在一个互联网中用户数量越多,该网络的价值也就越大。这与一般的经济财产不同,不会因为使用者的数量增加而使原使用者的效用下降,即不会因用户数量增加而使个人分享所得下降,反而会使其效用增大。这也是网络信息资源的奇妙所在,它的消费是无损耗的,同时信息消费的过程也可能成为信息生产的过程。消费者的加入会使原有信息包含更多新生的内容,信息的消费者越多,它所包含的信息总量也会越大,该网络的价值也就越大。

在线上与线下结合的新零售时代,顾客是商业爆发的核心所在,单纯地生产优质产品已不能成为企业的唯一战略了。从顾客入手,关注顾客能够为企业创造的价值，才是企业的发展之道。衡量一个企业是否成功已不能只评估企业的投资收益率和市场份额，更应该关注顾客保持率、顾客份额。顾客已成为企业持续发展的基础所在。

有人甚至认为，90%的销售收入取决于客户的开拓，另外10%由推销技巧带来。这也许是一种夸张的说法，却足以说明客户的重要性。拥有好的产品、好的推销员，企业并不一定能发展优良，只有吸引更多的潜在客户，才更有可能使品牌或企业发展壮大。

在传统实体店时代，很多商家不重视顾客的价值还心存侥幸；在新零售时代，在线上线下顾客融通的时代，如果依然不重视顾客，那就是彻底迷失了方向。

新零售是线上与线下的融合，而线上平台正是这个网络平台，顾客的价值在新零售企业是不容忽视的。作为新零售重要的一部分，商家需将更多的注意力放在顾客身上。这种关注不仅仅是消费者进门时的问好，或是递上一杯茶水这些浅层次的服务，更重要的是要满足消费者的心理需求。消费者心理需求的满足是零售商实现顾客终身价值的基础。

在新零售时代，企业尽管销售出去产品或者服务，但是产品和服务只是联结顾客的入口。经营产品很多时候就是一锤子买卖，但是如果把思路从经营商品转变为经营顾客，商业发展就会有无限的可能。挖掘顾客终身价值才是新零售企业向前发展的核心。

营销学上，顾客终身价值（Customer Lifetime Value）是指消费者能够为品牌或企业带来的收益总和。顾客终身价值包括了历史价值、当前价值、潜在价值。历史价值是指顾客已为品牌或企业带来的收益；当前价值是指若顾客行为不发生变化将来可能带来的收益；潜在价值是指顾客向他人推荐该品牌或企业产品从而带来的收益。

发展顾客终身价值最重要的便是潜在价值，为顾客提供使其满意的服务，他们会将这种满意与朋友分享，为企业带来了更多的消费者，也为企业营造了优秀的口碑氛围。注重顾客的潜在价值，单个用户的增加为企业带来不仅仅是单一的收益，之前所有顾客的价值都得到了相应的提升。注重与顾客保持紧密的联系，全时段保持对顾客的满意度关注，创造顾客终身价值，为新零售企业增添更多发展的价值与收益。根据我们前文讲过的梅特卡夫定律，在新零售时代这种潜在价值或者收益是产生几何效应的。

经营顾客便是要提高顾客满意度，要知道顾客想要什么。优质的产品、良好的体验、优惠的购买价格、便捷的购买方式都能够成为吸引顾客的要素。在传统的实体店与电商时代，商家没有办法为顾客提供完全符合客户需求的东西，而在新零售时代通过打通线上的数据，商家可以更为便捷地了解顾客的消费需求与消费偏好。

新零售实体店能让客户的体验得到全方位的满足，情感得到极大地触发，结合线上的各大优势以及科技支持，零售业的顾客经营才能真正成为可能。不需要太多的产品推广，这部分顾客便能够为商家带来更多的客流。

三、实体店原来可以这么玩

传统的实体店店主的经营思维，也许就是简单的物品摆放，再配上几个热情好客的店内销售员。在新零售时代，消费者对实体店的认识必须得到改观。下面介绍的实体店，足以让你对实体店的印象"改头换面"。

服装是人们消费的一大品类，也是新零售实体店发展的一大重点。在与电商的较量中，传统的服装实体店显现出了较大的劣势。如今的消费者已不满足于传统实体店中简单的物品摆放，在未来的发展中如何使实体店与线上电商有效结合，展现出富有消费者体验性质的场景化布置，是实体店的目标所在。

例如，成都和杭州的"就试·试衣间"。尽管需要入场费，消费者强烈的试衣欲望依旧高涨。入场费非但没有减退消费的热情，反而成功勾起了消费者的好奇心，这也使进店的消费者更为精准。在这家实体零售店中，展示的产品全部来自淘宝、天猫的原创知名品牌，并且只有在"双十一"淘宝消费排行榜中挤进前300名才有可能在这家店展示产品。

步入"就试·试衣间"，消费者便可以发现这家实体店别有洞天。在店铺内大约800平方米的空间中，一共设置了11个不同主题的试衣间。试衣间的风格也迥然不同，学院风、女巫风，各种玩偶、梳妆用品应有尽有，满足不同消费者的试衣想象与体验。店内还摆放了自拍杆，试衣的同时，消费者还可以尽情拍照。

"就试·试衣间"还会时不时与其他品牌跨界合作，举办不同的展览。在与"泰迪陪你"的合作中，门店将许多泰迪熊摆放在店内各处，打造出了可爱风。在"就试·试衣间",会员还能够享受专业的造型指导,造型师会为消费者搭配最合适的服装,让消费者更清晰地了解自己。在会员活动区中,消费者还能够练形体、走T台,在"就试·试衣间"感受当模特摆拍的乐趣。

不仅仅是店内摆放的各类服装,任何看得见的商品,家具、饰品、只要扫描对应的二维码便可以直接下单。消费者可以选择当场将商品带走,也可以选择快递到家。轻松方便的购物方式为更多消费者带来了新体验。

"线下试衣,线上售卖。""就试·试衣间"自带的互联网属性以线上线下结合的方式成功赢得了消费者的关注。以这种方式,线下重点展示商品,"就试·试衣间"充分展示了试衣间无可比拟的体验功能,也为消费者很好地解决了网购过程中质量无法得到保障的问题。

"就试·试衣间"能够做到"上新快,零库存",以线上平台更为优惠的价格向消费者出售商品。通过消费者的购买成交数据,可以便捷地利用网络工具进行分析,对店内的品牌做出相应的调整,并能将相应的数据反馈给品牌方,优化生产内容。这种连接品牌与消费者的方式也能够给消费者提供更为优质的体验。

以线上线下相结合的方式,"就试·试衣间"综合了实体店与电商的各大优势,以新零售的方式为消费者提供了全新的购物享受。购物不再仅仅是购物,更像是探索新的世界。

随着科学技术的快速发展,将科技因素应用于购买服装已不再是遥不可及的事。Memory Mirror试衣镜由位于帕洛阿尔托市的Memomi公司制造。无须换衣,消费者只需要在Memory Mirror的摄像头前旋转便可以直接看到服装的穿着效果。Memory Mirror通过数字成像达到了虚拟试衣的效果,并且还可以将消费者的试衣视频保存下来。

试衣结束后,消费者就可以通过链接观看自己试衣的过程,并可以将照片传送到手机端,分享给朋友。这样消费者便可以获得来自朋友最为中肯的建议。

不仅仅是服装行业,其他行业也在紧锣密鼓地跟上新零售场景化的步伐。提到新华书店,相信许多人眼前浮现的是那一成不变的书店形象。一家以"新鲜空气"为主题的新华书店以全新的姿态在河北保定亮相,书店颠覆了消费者对新华书店的传统印象。书店入口设计新颖,分居门厅两侧的是日式枯山水景观。此外，书店中划分了多个阅读区、咖啡吧台、小舞台、茶室等空间。为了给那些喜欢在新华书店阅读的顾客提供方便，书店还提供沙发围合区，可以根据需要随时进行调换的散座区及高高低低的阶梯。

上海民营书店钟书阁，凭借其美观的设计已经成为申城引人注目的文化地标，不仅获誉"上海最美书店"，还被视作中国实体书店转型的一个标杆。

70%的客户愿意到别的地方买东西，如果在那里能得到更多的娱乐活动。这个调查结果其实能给我们很多启示，对于大型商超而言，除了品种更齐全的优势外，还要提供更多场景化的娱乐方式。不管这种娱乐方式是自己提供的，还是第三方引入的。

全新的购物场景体验，实体店购物不再是简单的消费，消费者可以在购物过程中享受到无穷的便利与快乐，购物更像是一场全新的旅程。在场景化的新实体店布置中融入线上销售，利用科学技术为消费者提供全新的购物体验，新零售以更优化的方式为消费者提供购物享受。

四、新零售的场景设定

设定场景的前提还是先要了解自己品牌的特色，熟知自己品牌的产品。只有以品牌为基础，线上与线下结合，打造出具有独特定位的实体店，才能在新零售时代求生存。

每一个品牌都有自己不同的定位，LV、香奈儿、爱马仕等都是奢侈品牌的代表，而像国内品牌李宁、鸿星尔克、特步是运动品牌的代表。对于不同定位的品牌，其实体店也应展现出不同的风格。实体店场景设定的基本原则就是要根据不同的品牌定位，设置不同的场景，营造不同的品牌氛围。

以品牌定位设定实体店场景风格，目前已有品牌正在朝这方面发展。位于美国拉斯维加斯的国际大牌香奈儿便是以这种方式向消费者展示自己的旗舰店。

提到香奈儿，毫无疑问所有人都会想到香水，还有它当之无愧的奢侈形象。对于拉斯维加斯的旗舰店，香奈儿将当地的特色融入了实体店的设计中。这家店主要是以香氛、美妆和太阳镜为主。除了独具特色的场景设计外，最特别的是，这家概念店根据拉斯维加斯的当地特色，提供五类专属主题服务：明星（The Star）、名流（The Jetsetter）、自然（The Natural）、魔术师（The Illusionist）和演奏家（The Performer）。从这五个主题服务的设置，我们就能够看到香奈儿对其品牌的高端定位倾向。高层次的人群或是希望向这方面发展的消费者，可以在香奈儿率先体验过把瘾。消费者可以根据自己的喜好，选择其中一个主题，享受妆容、香氛、太阳镜的整体搭配。

香奈儿的线上服务也受到众多消费者的喜爱。香奈儿中国官方网络购物平台主要包括了美容顾问在线服务、礼盒包装、礼卡定制留言等多样化服务。香奈儿的线上导航也极符合"场景"这一词，把导航分为美丽达人、美肤行家、纯粹奢华、绅士气质及色彩迷恋等各种场景和个性搭配。

根据不同的品牌定位设置不同的实体店场景，有利于区分各大品牌，更有利于消费者从中找到归属感。若是香奈儿旗舰店与一般的平价品牌一般无二，这样消费者就不能从中感受到其中的高端形象，也体会不到自身的优越感，更无法吸引消费者的关注。

创立于 20 世纪 70 年代的美国商店 Urban Outfitters 为时尚世界提供了一个兼收并蓄和时髦的商品组合。它的目标人群主要是青年一代，为了让自己的每一家实体店都与众不同，Urban Outfitters 对于场景的营造也是煞费苦心。Urban Outfitters 严格执行与众不同的场景设置，顾客购物就像一次微型的旅行。

Urban Outfitters 拥有一个公司内部视觉设计部门，该部门的工作就是为每一个零售店提供场景布局创意，使每一个实体店能够每隔两个月便重新装修一次，为消费者提供不同的消费场景，使消费者能够时不时光顾实体店，感受不一样的风格。

在纽约曼哈顿，有一家占地 5300 平方米的 Urban Outfitters 旗舰店。这家旗舰店不把销售作为目标，而是为消费者提供足够有感觉的生活场景，让他们可以享受生活的种种乐趣。除了服装陈列，该旗舰店还有咖啡屋、美发廊、黑胶唱片，以及各种稀奇玩意儿。Urban Outfitters 的首席执行官 Tedford Marlow 称，这里是"有文化氛围的商业和社区项目，它讲述的是一个生动的品牌故事"。

新零售的场景化不仅仅是对实体店而言的，线上平台也可发展场景化的布局。吸收实体店的场景化元素，应用于线上平台，加强线上线下的沟通，这不仅仅是一种宣传，更是线上线下的互相引流。虽然 Urban Outfitters 线下的店铺数量已经越来越多，但为了满足宅一族的购物喜好，Urban Outfitters 线上商店更像是一个大型的场景社区，为消费者提供了更多的购物选择和更便利的购物方式。凭借线上线下的结合，Urban Outfitters 的新零售之路更可能大放光彩。

五、立体感官氛围营造

在日常生活中，我们是通过视觉、听觉、嗅觉、味觉和触觉这五种不同的感官去感知世界的。在零售业的场景塑造上，我们却长期忽略这五种感官的综合运用。在这五种感官中，只有视觉在零售实践中占有绝对统治地位，听觉、嗅觉、味觉和触觉却被我们有意或无意地忽略了。

利用人体感官的视觉、听觉、嗅觉、味觉与触觉，开展以"色"悦人、以"声"动人、以"味"诱人、以"情"感人，为消费者营造全方位的感官体验，调动消费者的各种感官，提升消费者的购买欲望，是在新零售时代需要特别强调的。

（一）K11 购物艺术中心

位于上海的 K11 购物艺术中心，在短短几年内的发展壮大离不开其打造的全方位感官氛围。虽然上海的 K11 与众多主流购物中心相比体积偏小，但其为消费者打造的感官体验无一不精。消费者在商场停留的时间更长，使得 K11 有更多的渠道可以和消费者互动。

在视觉方面，充斥于通道、各楼层、商家门口的艺术品使消费者走上几步便可以欣赏到全新的事物。通过专人讲解或是地图指示，消费者在逛街的同时也能够享受到艺术的熏陶。

在听觉方面，K11 在每个楼层都安装了音乐系统，配合不同的品牌业态，播放不同的声音。比如，在国际品牌的一楼，消费者听到的是西方经典音乐；在年轻化商品的楼层，可能是欢快的流行音乐；在餐饮楼层，消费者能听到有助于胃口大开的音乐。

在嗅觉方面，K11 通过调查发现女性比较偏好香草味，据此 K11 将香草味作为自己的专属味道。

在味觉方面，K11 引进的都是全球第一次进入中国的全新餐饮品牌，力求在味蕾上给消费者带来不一样的感受。

在触觉方面，K11有很多艺术品是互动形式的，鼓励消费者和艺术品进行亲密接触。

K11从消费者感官的五个方面倾力打造，为消费者营造出一个全方位的感官体验，使消费者久久不愿离去，以场景化的布局增强了消费者各方面的体验。也有许多实体店以五种感官中的一点或是几点为重点，打造自己独有的特色。

（二）方所书店

方所书店在广州太古汇商场爱马仕店的旁边开业。该店占地1800平方米，集书店、美学生活、咖啡、展览空间与服饰时尚等混业经营于一体。方所书店与许多书店相似，同时兼有文具、服饰、摆设等商品，但是方所书店用以吸引人流的是其门店特有的场景体验空间。

该书店的创始人毛继鸿表示，他开的书店远不止单纯地将空间放在一起，将各类产品陈列上架那么简单。他会给那些走美学生活路线的店员上陈列课，他认为陈列的人需要懂心理学、伦理学、行为学、社会学等所有和人有关系的知识，因为生意需要触动顾客的心。

方所书店从视觉、触觉方面为消费者提供了感官体验，并且对于不同的地域采用不同的场景布局，为消费者营造了极大的新鲜感，不再是一成不变的书店格局。

对于五种感官中占据绝大多数信息的视觉，相信许多商家都不会放过，但对其他四种感官的重视程度却远远不如视觉。不过我们要知道，任何一方面的新奇感官体验都有可能触发消费者的购买欲望。注重发展全方位的感官营造，会成为商家在新零售时代的发展重点。

与其说用五种感官刺激塑造新零售的场景，不如说是全方位地提供良好的体验给消费者。人原本就是从视觉、听觉、嗅觉、味觉与触觉来建构对世界的感知。在信息超载、时间缺乏的时代，情绪、认知或符号性价值成为更有意义的体验点。如果消费者在仔细评估不同的零售店时发现它们看起来几乎是相同的，那么商家所面临的就是价格战，价格是唯一的竞争武器。

当新零售建立以感官体验为中心的场景塑造方式，那么它会密切关注消费者的个人特征、生活方式、情绪特点、心理特征等，表达对消费者的关心，与他们感同身受。这一点恰恰是消费者最为需要的。零售企业不只是提供商品或服务，而是提供最终的感官体验。这种方式充满了感性的力量，可以给顾客留下难忘的愉悦记忆。

六、场景下的情感互动

情感交流是消费者社会需求的一种表现。自互联网诞生以来，人们与机器的交流越来越多，而机器是没有情感的。实际上，现在有越来越多的人已经感觉到在与人情感交流上的不足和缺陷。随着消费升级，消费者在消费过程中已不再简简单单地只要拿到商品就可以了，他们内心其实更想要进行一种情感的互动。纯电商有价格的优势，但是它缺少这种情感互动。因为人是有情感的，而新零售的场景塑造就是要重塑情感互动。

情感互动，不仅能够向消费者传递企业的价值观，而且可以触摸到消费者更加真实的消费心理，全面了解他们的消费痛点。零售商从消费者的情感诉求出发，在场景塑造上注重情感互动，更容易引起消费者的共鸣。以心底的那一份触动展开商家与消费者之间的互动，能够增强商家与消费者的联系。

例如，迪士尼集团在美国加州华特迪士尼世界度假区启用魔幻手环。每一位进入迪士尼的顾客都能够获得一只魔幻手环。通过手环感应，顾客能够办理酒店入住、在园区内购物消费。通过手环的射频识别功能，将顾客的信用卡、酒店房卡、门票等信息绑定，不再需要各种烦琐的程序。只要魔幻手环在手，顾客便可以方便地办理各种预约登记。

魔幻手环的使用在很大程度上便利了游客，只要手环在手，一切都可以搞定。更让人觉得有趣的是，这个魔幻手环能够储存每一位游客的个人资料。米老鼠或迪士尼园内人物在与消费者靠近或拥抱时，能够通过手环感应顾客，知道游客的名字。如果刚好是顾客生日，不需要游客主动告知，米老鼠还可以献唱一首生日快乐歌，给游客带来意外的惊喜。

通过感应手环能够了解消费者的信息，在游玩过程中突然有人能够叫出自己的名字，是不是会更惊喜？魔幻手环帮助迪士尼与顾客进行了更好的情感交流，顾客能够从中获得归属感。

魔幻手环方便了消费者入园游玩，能够为消费者带来便捷的服务，更重要的是通过感应消费者的信息，工作人员能够更为顺利地与顾客交流，与顾客进行一种情感交互,使顾客能够在园内体验家人般的温暖。以往,小朋友站在一台机器面前跟隐藏在摄像头后面的工作人员互动,工作人员还需要询问小朋友叫什么名字。现在不需要这个流程,工作人员立马就能叫出小朋友的名字,甚至知道小朋友的一些基本的习惯和爱好,给小朋友们带来神奇体验。

情感的互动,不仅仅是品牌与消费者之间的互动,也可以是消费者与消费者之间的互动。我们知道星巴克的许多门店都摆放了一种长方形的桌子,但是星巴克为什么这么做呢?

这种桌子设计来自国外的一位设计师。在星巴克门店观察消费者对这种桌子设计的体验时,这位设计师看到两位坐在桌边各自操作计算机,埋头工作的人。过了一段时间,原本不认识的两个人竟然互相攀谈起来。这种桌子的设计有利于人们进行沟通交流,在消费的过程中也能收获友谊,满足消费者的社会需求,强化了情感的交流。

星巴克建立了"官方网站+网络社区+社交媒体"三者紧密结合的互动模式。星巴克通过Facebook、Twitter等社交媒体网络,与顾客互动,分享星巴克的相关信息,还不忘分享与转发消费者可能会感兴趣的内容。在星巴克的"My Starbucks Idea"平台上,顾客可以针对星巴克的问题进行留言,对星巴克的产品进行评论。这也帮助星巴克获得更多消费者的意见,有利于星巴克融入顾客群体中去。

无论是在线上还是线下,星巴克都致力于将最好的服务提供给顾客,处处为顾客考虑。这种品牌与顾客之间的情感互动提供了顾客的消费体验,增强了顾客的满意度,更为星巴克留住了许多忠诚客户。

在如今互联网如此发达的社会中,消费者在网络中或多或少都会留下信息,而这些信息正是零售商与消费者能够进行情感互动的关键所在。了解消费者的信息,在生日之际奉上一份礼物,在节日之时道上一句祝贺,尽力满足消费者的偏好需求,能够让消费者对零售商产生一种情感的归属,增强情感联系。在激烈的市场竞争环境中,良好的情感交流能获得消费者的充分信任,增强消费者的场景体验。这必将是未来新零售业健康发展的必经之路。

七、实体店场景新物种

线上线下的结合,实体店的场景化发展成为新零售的发展趋势。在新零售的要求之下，实体店该如何重新营造场景，实现从传统到新物种的进化呢？下面来看一看体育运动品牌中的佼佼者，阿迪达斯和耐克的实体店进化之路。

阿迪达斯纽约第五大道旗舰店开业，这座四层楼高的旗舰店占地面积约4180平方米。在旗舰店的布局方面，以美国的高中体育馆为设计范本，试衣间仿照学校更衣室。实体店的通道式入口、体育馆风格的照明等各种设计，都是为了营造一种置身于体育场一般的特别氛围。尽管内部带有一座电梯，但是阿迪达斯更鼓励顾客从楼梯上下不同的楼层，以复制真正的体育场馆的感觉。

门店的内部分别为男性顾客和女性顾客开辟出了不同的空间，其中女性商品位于第三层。女性商品销售区还有一处迷你跑道，可供消费者实地试鞋，以确保产品符合要求，舒适程度能达到消费者的满意。男性商品位于第一、第二层，这里有定制球衣的打印商店，还有可以进行步态分析的跑步机等设施。在这里消费者还可以看到足球、篮球等不同的户外运动产品、艺术作品、健身营养书籍等。第四层则是Adidas Originals（经典系列）和Youth Athlete（青少年系列）。全方位的购物享受是阿迪达斯为消费者创造的全面购物场景。

在阿迪达斯纽约旗舰店开业之前，位于Soho区百老汇大街的耐克纽约旗舰店早在同年的11月11日正式营业，力图为顾客提供耐克"最好的个性化服务（NIKEiD），创建一个数字和实体店平台的无缝连接"。耐克正在领导体育零售的转型，与其说这是一个耐克的零售店，不如说它更像是一个运动体验店。

耐克在该门店一楼的跑步机配备了180度的LED屏幕，跑步者可以选择运行不同的环境来测试鞋。在该门店的五楼有篮球爱好者天堂，里面搭设了一个半场的室内篮球场（Nike+Basketball Trial Zone），里面的篮球架可以调节高度。场地周围是高清电视，投影着城市篮球场的图像。这些电视和投影可以模拟现实环境，让消费者觉得是在纽约布鲁克林大桥公园的球场打球。耐克以消费者体验为重心，运用了诸多科技装置打造了全新的实体店，在更具场景化的环境中提供产品。当然耐克也不忘发展线上的服务，其线上平台设置了男子、女子、男孩、女孩与专属定制平台。以这种线上与线下结合的方式，耐克打破了传统的实体店发展模式。

作为行业的领军品牌，阿迪达斯和耐克实体店的进化无一不体现了他们注重场景感这一理念。根据品牌自身的定位设计门店，以更为场景化的布局为消费者提供更好的体验感。阿迪达斯和耐克的新场景实体店提供了新零售时代的样本。

为消费者提供全方位的情感互动，根据零售店的自我定位打造场景化的购物环境，必将成为新时代零售的发展方向。未来越来越多的商家会把真正核心的技术放在实体店里，通过营造良好的场景满足顾客感官上的需求，购物不再是单纯地买到商品，而是更加美好的身心体验。

第二节　新零售的生态化

一、顾客生活方式的立体化

传统零售到新零售的转变中，最重要的一点就是从经营产品到经营顾客的转变。在产品过剩的现实状况下，人在零售中的重要性愈加凸显，并已成为新零售所有活动的核心指向。

零售并不是因为存在而存在，而是因为满足需求而被需要，继而因被需要而存在。作为商品流通的最后一环，零售要做的是为消费者的生活创造价值。顾客需求是立体化的，并且这些需求都是紧紧围绕着其所要追求的生活方式。因此，满足消费者的产品也应该围绕需求立体化的方式去展开，才能不切割他们的生活，让他们融入真实的生活情境。

传统零售会根据消费者的单一需求去售卖产品，并希望通过提升产品的质量和功能来满足消费者的这种需求。这种做法往往是被动的，即在市场上发出某种消费具体需求后进而再出售满足需求的产品。传统零售的核心在产品，而新零售的核心在于人。新零售需要通过研究消费人群来预测他们的需求，并将"以人为本"的理念贯穿于零售的整个过程，而不是等消费者发出某种具体的信号后再去提供产品去满足他们。

消费升级使人们更加注重消费的立体感受，这种立体感受不仅包括质量，而且包括为消费者提供其所希望的一种生活。每个人群都有自己希望的生活，新零售时代的零售商需要通过对消费人群进行分析来布局产品类型，突出生活的本质，从而为消费者创造其所希望的生活。例如，服装品牌优衣库的消费人群非常注重舒适和简单的生活，因此，优衣库以这种舒适和简单的生活理念来布局线上和线下产品，努力为消费者创建一个他们希望的生活场景。在这一宗旨的指导下，优衣库的服装以极致简约的"基本款"著称，并且始终强调时尚无须刻意，人是主角而非衣服。优衣库的产品按照其功能性（运动、保暖、透气、职业、休闲等）生产各种各样符合消费者在不同生活场景中的服饰。

传统产业衰落的主要原因之一，其实还是在"以客户为中心"这条路上走偏了。拿零售产业来说，大部分的零售产业都是以商铺位置为中心的，只要在合适的地段有旺铺，就不愁卖不出去货。如果得位置者就能得天下，谁还有心思想着为客户创造价值呢？抛弃了客户，也必然会被客户抛弃。今天线下零售业遭受电子商务的打击，本质上还是自己的问题。亚马逊创始人贝佐斯当年收购濒于倒闭的华盛顿邮报，几年就扭亏为盈。他提出的改革原则其实很简单，就是把纸媒"以广告主为中心"转向为"以读者为中心"。

传统书店受到线上书店越来越大的冲击，原来遍布全国的新华书店已经是勉强支撑。完善流通服务体系和低价格，使得线上书店逐渐成为消费者购买书籍的第一选择。反观传统实体书店，高成本、地理位置固定性及定位模糊等，使得传统实体书店逐渐淡出消费者的生活。同时，随着电子书籍的普及，人们也越来越倾向于电子阅读。

传统书店的主营业务就是卖书，尽管部分书店也会售卖与学习相关的产品，但终究缺少立体化的生态商业布局思维。随着传统书店走向没落，另一类书店在新零售时代开始凸显其价值。

按照传统意义上的书店标准，这一类书店可能已不再是我们意识中的那个"书店"。买书已不是这类书店的重点，这类书店往往根据书店本身的调性，向消费者提供其所追求的生活方式。让消费者获得立体的消费体验变成了这些书店的价值所在。在这些书店中，你可以悠闲地品着香浓的咖啡，沉浸在书的世界中；可以享受刚在一本美食宝典中看到的美食，并且厨师还可能亲自教你烹饪，与书中的世界发生互动。

为何这类书店会在新零售时代颇受关注呢？要回答这个问题，必须先得弄清楚另一个问题：我们为何要阅读。很多人喜欢阅读，是因为阅读能够带来丰富的文化体验。这种体验不仅是书籍内容所带来的，还包括书本身（纸质、气味）、书籍的挑选过程、安静的文艺氛围、熟客与店主之间轻声问候所带来的暖暖的人情味等。喜欢这种体验和环境的人群一般属于安静、文艺的人群，这类人群都有一定的知识和涵养，追求高质量的生活品质。

我国台湾地区的诚品书店就看到了这一点，真正挖掘出了走进书店顾客的这些特点，以生活方式为切入点来布局产品，为原本岌岌可危的书店业发展方向提供了新的思路。

诚品书店从创立之初就表现出不同于传统书店的经营方式，一开始就在加强书与人的互动，强调人在书店中多重或立体的消费体验。围绕读者所追求的生活方式，诚品书店立体化布局自己的产品类型。诚品书店不仅卖书，还卖服装、卖美食、卖电影等。

诚品书店通过"秉承人文、创意艺术、生活的精神"进行立体式书店经营，把书店做到了一个新的文化高度。诚品书店的成功是因为出现了一批以阅读为乐的中产阶层。他们注重品位、热爱生活、关注精神需求，对于设计感强的商品非常喜欢，对文艺生活有着立体化的需求。诚品书店正是瞄准了这群消费者的立体化需求，以文化阅读来吸纳人群，然后赚取周边那些定价高以及和书籍有必然关系的其他产品的钱。

我们认为，传统书店转型的大方向就是围绕读者的特性布局一个文化生活的体验空间。转型后的书店以读者为中心，以书为核心载体，从门店空间设计到周边相关产品都全方位地去满足读者立体化的生活感受，并将这些产品布局在线上和线下，从而使其产品更加全面地触达消费者生活的各个方面。

新零售时代，商家需要通过提供涉及不同生活场景功能的产品向人们不断补充和勾画"生活究竟是什么样子"，从而使生活这个概念更加立体和丰富。以生活方式来布局产品类型最根本的意图就是告诉人们生活应该成为什么样子。这也是零售企业对于自身（产品、业务、渠道等）进行生态化过程的核心指导思想。

二、零售品类生态化

当零售商一个个单件售卖商品时，他们其实忽略了一个事实：消费者的生活方式本身就是立体化的。在消费者主体性越来越强的未来，需求层次和类型也必将越来越立体和丰富。因此，新零售意味着零售商需要通过在线上和线下以生活方式立体布局产品类型，让产品在功能性和体验性方面进行有机的连接，满足消费者各方面的生活要求。

品类生态化根据目标消费者本身的生活方式来丰富零售的产品类型。我们在这里需要强调的是，品类生态化不是指什么产品都要把品类做得很杂，而是要根据目标顾客的生活方式来精选产品品类，让这些产品之间形成很好的互补，共同帮助消费者完成他对生活方式的表达。

通过生活方式的设定来设计店铺、选择产品，意味着其针对的消费群体较传统划分更为细致。店铺首要关注的是其消费群体需要何种生活方式，由此通过综合一系列生态化品类满足他们的生活体验。对于这类零售店而言，产品品类主要围绕生活形态呈现组合，跨界方式在此类集合店较为常见，一家零售店可能会设有咖啡厅、酒吧、餐厅等多种业态。

例如，星巴克通过以消费者生活方式为核心，为其提供涉及消费者生活更多方面的产品，不断提高消费体验。白领小资阶层是星巴克第一目标消费人群，这部分人群有着较高的教育背景，对其生活质量有着较高的需求，他们爱好美食、文艺，并且有着较高的收入水平和忠诚度。因此，你会发现星巴克不仅限于出售咖啡和相关商品，而更加侧重出售一种生活方式。

你也许会惊讶，在星巴克竟可以买到许多意想不到的产品。例如，将咖啡与音乐相结合就是星巴克在这方面的一大创举，并第一个将"咖啡音乐"发展成了超级大生意。早在 20 世纪末，星巴克就凭借遍布世界的两千多家咖啡连锁店成功登上了全美排名第一的咖啡零售商的宝座。星巴克并未沉浸在过去的成果中，而是一直计划着其"咖啡音乐"项目。最终，星巴克选择与旧金山的一家小唱片公司 Hear Music 合作。

Hear Music 擅长制作"主题式选辑"CD，星巴克通过与 Hear Music 合作，推出专供星巴克店内发售的 CD 合辑。通过在星巴克店内循环播放，CD 合辑取得了不错的销售成绩。许多星巴克消费者通过在店内听到这些歌曲，并对这些歌曲产生了兴趣，最终转化成了实际的购买行为。

如今，星巴克也开始将零售门店做数字化改造，通过收集在互联网商品交易平台上的交易数据信息和线下购买记录信息，从而更有针对性地丰富其产品类型。

在以生活方式进行布局方面，传统零售商麦德龙也做了一些尝试，如在超市内部开辟了"餐厅教室"，这有点像是把电视美食综艺节目搬到卖场。与美食节目不同，"餐厅教室"每天不仅教顾客做美食，还提供从菜谱、食材及辅料、锅碗瓢盆到厨房家电等一整套生态产品品类。这样一来，麦德龙就变得不只是卖货了，而是成为一个呈现生活方式的空间了。

以生活场景、生活方式进行品类生态化布局，相当于击穿了传统零售对商品分类的屏障，为消费者提供解决立体生态化的整套解决方案，不仅能更好地实现顾客引流、增加消费黏性，更构建了电商不能企及的竞争壁垒。以生活方式作为品类生态布局的"物心"为例，它以"万物有心"为中心，门店里不仅布局了来自世界顶尖级的产品、文具、精选书籍等商品，还会有各种小清新又超文艺的小物件，如笔记本、书包等。

以品类生态化布局的零售店除了售卖商品，还在售卖一种生活方式，传播一种文化。通过这样立体化的品类布局，唤醒消费者自身潜意识里追求的那种生活方式。这一类型的零售商店，消费者即便不进去买东西，逛一逛也会是一种享受。当然，品类生态化会在一定程度上增加产品类型，看上去好像无法追求工业社会强调的规模化效益。其实不一定，因为随着科技的发展和柔性化生产的应用，在某种程度上零售商可以弱化数量在零售过程中的重要性。

我们常说"物以类聚，人以群分"，在以生活方式为中心进行布局的新零售商店周围必然会聚集一群具有相同生活气息的人，共同打造一个相同的"气场"。他们希望自己与众不同，但本质上又不断地拼命寻找能产生共鸣的组织，以通过购买生活方式获取认同感和安全感。

三、跨界商业联盟

谈到商业联盟，人们更多想到的是企业间的纵向合作，即加强产品从生产到流通过程所涉及的上下游合作。但是，这样的合作往往仅通过提高单一产品的生产效率来为联盟打基础。在消费升级的当下，消费者多样化的消费需求越来越明显。因此，横向的跨界合作是许多零售商在新零售时代寻求发展的道路之一。

跨界商业联盟往往指的是两个或多个不同领域、行业、文化和理念的企业进行合作，这种合作往往代表一种更新的、更加融合的生活态度与方式。这种联盟方式，我们认为会在新零售时代越来越常见。

在新零售时代，跨界零售之所以受到追捧，首先，跨界合作可以满足综合化、复杂化的消费需求。我们知道消费者的需求模式在不断升级，已经不再满足于产品最基本的功能价值，而是要求更具多样化的复合型产品品类。面对这样的需求，仅从本行业内寻求出路已然不行。其次，新零售以消费者为核心的理念将会渗透到整个行业，所以零售商不得不在其他领域寻求合作来满足消费者对新产品或新服务的多样化需求。最后，跨界商业联盟也能够使零售商实现差异化经营，从而帮助商家走出产品或服务同质化的困局。不同的行业、领域的联盟合作使得不同的观念、思维碰撞融合，从而获得意想不到的创新，也将为零售企业创造新的利润增长点。

既然是跨界合作，零售企业合作的跨界范围不仅限于某一品类。21世纪初，优衣库就与纽约现代艺术博物馆（MoMA）合作，发行了一系列带有安迪·沃霍尔（Andy Warhol）版画的T恤。之后，纽约优衣库旗舰店首次开始了其跨界之旅，与星巴克合作，成为全美第一家将咖啡元素引入服饰界的零售商。当然，优衣库与星巴克的合作并不仅限于简单的产品引入，他们不断地尝试将优衣库元素和星巴克元素融合在同一件产品中。例如，星巴克将优衣库的不同衣服款式印在星巴克咖啡杯上，从而产生奇妙的"化学结果"。

零售的跨界合作一般来说有两种。第一种是跨界合作双方在某一方面有相似性，这种相似性方面可以是品牌理念、消费者人群等。例如，路易·威登（LV）就为宝马i8跑车打造了一组手提箱和手提包。一个是汽车制造业，另一个是奢侈品行业，当时让人意想不到的是两家似乎毫无关联的企业竟开展了合作。其实背后的合作逻辑很简单，因为宝马和路易·威登这两个品牌在品牌级别、品牌理念和他们的目标消费者等方面有着很多共同点。两者都是奢侈品，都是以品质工艺而闻名的传统品牌，而且其目标消费者都属于高端商务人士。而正是因为这些共同点才使得这两家企业的跨界合作更有意义。第二种跨界领域是虽然不存在相似性，但是双方能够进行优势互补，从而达到"1+1>2"的效果。京东通过加盟的方式与便利店进行合作。京东便利店采取的是加盟的方式，即京东提供产品和管理、培训等服务，而加盟商除了向京东缴纳质保金外，只需承担门店房租、装修和水电等费用。京东为何会与线下便利店采取加盟方式的跨界合作呢？因为京东与线下便利店的跨界合作在很大程度上解决了长期困扰电商的"最后一公里"难题，同时便利店也有利于京东在零售领域垂直化的发展。这些加盟商同时借助京东完善的物流体系、品牌和管理等优势，促进自身的发展。

移动互联网时代，开放合作是基本的发展方向。在越来越开放、越来越强调合作的时代背景下，零售商单打独斗是没有出路的。通过跨界混搭，零售企业可以获取更多的资源，更好地服务好消费者。

但并不是所有的零售跨界合作都是成功的，在进行跨界合作之前要考虑清楚以下一些实际的问题：一是合作双方的消费者资源是否可以进行共享，也就是合作双方的消费者是否相关联或是存在某种相似性；二是跨界合作后的产品或服务是否能够给消费者带来新的东西、新的体验，增加消费者的消费附加值；三是两者的优势互补是否能够促进零售商的经营效率。

真正进行跨界合作的零售商并不是追求一次两次的合作，而是不断探索跨界合作机制，在企业与企业间形成跨界合作生态，从而能够使得这种合作方式真正可持续。

四、全渠道生态

随着信息科技和移动互联网的发展，新零售不断地扩展和延伸各种渠道，全渠道零售应运而生。新零售强调满足消费者在任何时间、任何地点并以他们希望的方式满足其需求。全渠道的重点在于"全"，为了满足消费者在任何时间、地点和场景的需求和向消费者提供无差别的商品和服务，零售商通过整合线上和线下各个零售渠道，实现零售渠道生态协同，实现零售效率和消费者价值的最大化。

在全渠道中，零售商通过各种渠道（实体店、网站、社交媒体等）与消费者进行接触并产生互动，从而能够更加及时和便捷地提供满足消费者需求的产品和服务，达到为消费者创造超然的消费体验。

而顾客则可以利用这些渠道（实体店、网站、社交媒体等）收集信息，并对产品进行比较、选择，最终可以通过任何一个渠道对产品进行购买。例如，在全渠道模式下，消费者可以在线上查询附近实体店的库存量，在线上购买线下取货，或者在实体店体验过后，在线上支付，商家则可以直接从离收件地址最近的实体店发货。

随着科学技术的发展和消费升级，零售从最开始的单渠道模式发展到多渠道模式，再到现在的全渠道模式。单渠道模式和多渠道模式都是在特定时代背景下应运而生的，发展至今已无法满足新零售发展的需求，甚至其劣势在阻碍新零售的发展。

单渠道模式是指实体店铺渠道，其发展得益于大型连锁商场的发展。这种模式的缺陷顾名思义就是渠道过于单一，地理位置的不可移动性使得其不能像线上店铺的覆盖范围那么广。如此一来，零售商抗击风险的能力就会大大减小。店铺租金、人力成本上涨会使零售商的成本增加，利润空间被大幅压缩。

多渠道模式是指零售商采取线上和线下双重渠道。初级的多渠道零售中，线上和线下的各个渠道之间彼此分散和独立，甚至彼此之间存在流量的竞争。例如，团购平台将实体店原本的流量截流，从而使消费者通过该平台来进行消费，实体店还得支付该平台的佣金和顾客的利润让渡。团购平台不但未给零售企业创造更多的流量，而且还侵蚀了实体店的部分利润。不仅如此，在初级多渠道时代，客户在线上线下的消费体验也不尽相同，最典型的就是同一件产品在线上和线下的价格差异很大。这与传统渠道思维中各渠道之间各自为政有关系。这种分散和独立往往会造成零售商成本上升、利润空间被压缩、品牌创建难度大等困局。

随着信息技术的发展，线上和线下等多个零售渠道已经充分融入人们的生活，不断改变着人们的生活方式和思维方式。寄生在这些渠道上的群体也得以形成和不断发展。这样的现实条件为全渠道零售提供了可能，并且随着寄生在这些渠道上的群体不断发展壮大，全渠道成为零售企业发展的必然趋势。为了最大化接触消费者、满足消费者需求，零售企业必须有机地整合所有的渠道，从而为企业和消费者创造价值。

梅西百货作为美国著名的连锁百货公司是全渠道模式实践的领军者。梅西百货的全渠道模式以消费者为核心，有机地整合和打通线上线下所有渠道，以此为消费者提供无差别的消费体验和服务。在梅西百货，顾客的购物流程一般是先在网上浏览商品信息、看评价，然后到店里试穿和试用。梅西百货还在实体店中采用了自助服务设施，虚拟试衣镜和顾客响应设备等，全方位接触消费者。借助自助终端设备，顾客可以进一步在社交媒体上分享购物清单，请朋友帮忙出主意、做决定，梅西百货提供了搜索与送货服务，使产品能够以最便捷的方式到达消费者手中。为了尽可能缩短配送时间，更迅速地对消费者的需求作出反应，梅西百货建立了一个拥有近200人的网络物流中心。如此一来，梅西百货的全渠道模式不仅为消费者创造了超然的消费体验，同时也大大提升了零售的运营效率。

在新零售时代，零售商需要通过有机整合零售企业的所有渠道，从而形成一个全零售生态系统。当然，全渠道并不是简单地将所有渠道相加，必须要求零售企业从内向外进行全面变革，从而使企业的组织变革、商业模式和流程有机结合，使各个渠道能够真正地进行生态化整合。

零售企业全渠道化过程的前提是不增加新的成本投入，对企业各项资源从深度和广度进行优化，使原有渠道不仅更加紧密地连接，同时也承担新的功能，如增加实体店仓储和配送的功能、加强实体店的数字化功能。而消费者也可以通过一个账号在零售企业的所有渠道中通行，节约消费者的时间，提升消费者的消费体验。

零售企业只有将全渠道实践落实到每一个细节，才能实现各个零售渠道的有机结合，推动零售企业本身整体生态化的进程，实现零售模式和服务方式的创新。

五、从经营门店到经营商圈

传统的商圈大多由房地产商来经营，目的是通过购物中心商圈的建立来促进附近楼盘的销售。例如，有着城市综合体大师之称的万达，以万达广场为核心，通过由点到面的方式带动周围房地产项目（如万达住宅区、写字楼）的发展。同时，当这些周围的房地产项目发展到一定程度后，又能够促进万达广场的发展，形成一个良性循环，激发整个商圈的发展潜能。

门店是商圈重要的组成部分，但在传统商圈的门店经营中存在许多问题。这主要表现在门店的同质化现象严重，同一品类的门店高度相似。表面上看，这是忽视了门店所在商圈的特点和商圈中消费者的多样化需求，其背后却是以消费者为核心的理念的缺失。传统实体零售店铺的视野和能力都是有限的，往往对其消费者知之甚少，既不了解消费者的消费习惯和消费动机，也不清楚消费者的购买周期和产品结构。没有办法，门店的经营只能一窝蜂地做同样的事情，极易导致恶性竞争的局面。

另外，由于缺乏生态协同的思维，各门店在进行活动或者宣传的过程中，往往只是从自身角度出发，考虑成本、利润等多方面的因素，缺乏与其他商家之间的合作联动。

在这种情况下，经营商圈的管理者应放弃收门面费的核心思维，明确自己的新定位——帮助这个商圈经营者提供一个生态协同的平台，让各零售商家在这里优势互补，产品错位。这个平台本身还要带有相应的机制来吸引顾客，为零售商家提供技术支持、流量支持等，促进各零售商家之间的良性合作。

每个门店都是在一个或多个商圈中进行经营，商圈本身的内部集群结构、影响力及各商家的关联程度等因素都对商圈内部门店的经营有着重要的影响。商圈管理者在未来发展过程中应做好整体规划，确定零售商品的生态布局，从空间、时间等多个方面作出明确、统一、合理的规划，避免恶性竞争。而作为个体商家，在选择商圈时也应该充分考虑生态性和商圈管理者的筹划能力。新零售时代，零售商本身也必须破除从单店孤立看待经营的思维，应该以生态协同的角度多层次地把握消费者多样化的需求。

大型购物中心除了线下支持外，还应该在线上构建商圈平台。购物中心通过线上购物平台的搭建，同时满足消费者网上浏览、线下体验、线上下单等一系列购买行为，帮助商家更好地实现与消费者和其他商家的联动。

阿里巴巴布局线下商圈的"喵街"（类似的有万达的"飞凡"）通过将线上线下打通，利用大数据等技术对商圈内消费者进行分析，能够和商户形成一体化的方案，再加上大数据，让整个商圈的运营变得更加精细化。

当然除了商圈内部的合作，新零售也应该注重商圈与商圈的生态化结合。这种生态化结合要注重地理位置和功能上的互补性。在这方面做得比较好的是日本。日本的商圈以集群为特点，每一个商圈，尤其是其主要功能，都致力于打造满足消费者某一类需求的唯一专属区域。日本这些不同商圈能够互补地满足消费者的需求，如"家装世界""吃货世界"等。

六、线上线下虚实联动

线上和线下都有其彼此的优势与劣势，而且双方不仅能够进行优势互补，同时双方的合作能够弥补各自的劣势。新零售的线上和线下融合要实现的是虚拟生态和现实生态的深度融合，最终形成虚拟生态和传统生态合二为一，产生虚拟和实体相互融合的零售生态圈。在这个过程中，线上生态得以下沉，与消费者发生更全面的互动；而实体零售也能够突破物理和地理上的界限，通过线上和线下的数据最大限度地延伸零售"触角"。在这个虚拟和传统相融合的零售生态中，消费者能够不再受到时间和空间的限制，能够在任何时间、任何地点以自己希望的方式进行消费，品牌商和零售商能够通过信息技术更加全面和及时地捕捉消费者的需求，在短时间内完成消费者分析，与消费者进行及时互动，为消费者提供24小时无缝融合的消费体验和服务。

可以想象，在不久的将来，不管是在线上或是线下消费，一旦走进某个零售场域中，我们的所有信息都将会被捕捉到；并且这些信息在线下和线上的生态圈中迅速传递和分析，最终实现消费需求在消费者还没提出之前就已经到达零售商手中。

沃顿商学院市场营销的教授大卫·贝尔提出，线上线下的融合不是O2O，而是"O+O"。在新零售时代，零售企业将以线下门店、电子商务为核心，实现商品、会员、交易、营销等数据的共融联动，向顾客提供无缝化的消费体验。而随着智能化购物设备和信息技术的普及，新零售时代的零售商将构建更加丰富多样、线上线下融合的消费场景。

七、商业共生

在快速腾飞的过程中，电子商务确实享受到了诸多红利，而实体零售业在与电商的竞争中，一直处在价格高、监管严的相对劣势地位，经营业绩每况愈下。

但并不是所有的实体零售在电商的冲击下都过得凄惨，有的反而过得很好，关键在于与周边是否形成了良好的共生关系。例如，手机行业的OPPO和ViVo线下门店这几年就做得风生水起，成为手机行业津津乐道的案例，连雷军都开始怀疑自己当初引以为豪的互联网思维，他们是怎么做到的呢？

以OPPO为例，他们在中国和亚洲其他国家有32万家线下店，其线下店由店长、渠道代理商和OPPO三方共同参股，由省级代理商管理，且只独家代理OPPO一个品牌。OPPO拥有对线下渠道包括定价策略在内的完整控制权。OPPO和渠道商之间的关系非常密切，且高度信任。OPPO还承诺，如果由于手机换代，原有手机卖不出去给渠道商带来损失，公司会补贴现金给渠道商。换句话说，OPPO通过各种利益的绑定，使得自己和代理商之间形成了一种良性的商业共生关系。

在自然生态中，每一种生物体都占据了一定的生态位。生态系统中在一段时间内所能提供的资源是有限的，随着生物种类的增多或环境变量变化时，竞争就产生了。这个原理也同样适用于商业生态系统中。在商业系统中，零售企业在商业模式、组织架构、业务流程等方面越相似，其对资源的需求、目标消费者和产品市场的重叠程度也就越大。随着整个行业的发展，相似的企业会越来越多，他们对于资源、市场等方面的竞争也越趋于激烈。因此，商业共生这一理念对零售企业的生存和发展愈发重要。

传统零售企业的需求合作往往是从其纵向价值链切入，寻找合作伙伴。而新零售的商业共生则是围绕消费者这个核心，以立体价值链为切入点。立体价值链是由纵向价值链（生产商、服务商、零售商和消费者）、横向价值链（主要是指跨界合作主体）及其他利益相关者（网民群体、社会媒体、员工）交互形成的。零售企业通过产业立体价值链资源的有效整合，构建多群体互惠共生的商业共生生态。

共享和协调是新零售商业共生的合作机制，即通过信息、资源等的共享，协调立体价值链上的各个部门进行合作，从而最终实现立体价值链各个部分的共赢。而大数据、物联网等的发展为零售商的商业共生提供了现实的可能性。

从纵向价值链来看，消费逐渐逆向指导整个生产过程、物流过程。通过大数据的分析与预测技术，零售商能够及时刻画其目标消费者的立体轮廓，从而指导产品的生产，使产品从功能、外观等各个方面抓住消费者的痛点，更加符合消费者的需求；通过与上游企业进行资源共享（主要是信息共享），零售商还可以通过将零售企业的销售管理系统、上游所有供应商信息系统与数据平台共享,全面实现生产、仓储、配送、销售、物流等诸多环节一体化,达到供应链库存同步、存货共管。利用大数据系统的信息处理与数据挖掘手段,商家还能对存货周转数据深度分析,从而优化库存管理,打造无缝衔接,减少进销过程中的摩擦。

从横向价值链来说,新零售的商业共生除了零售企业本身产品的生态化,通过进行资源共享(如空间、消费者等),还可以与同一品类或不同品类的企业进行跨界合作,从而进一步丰富其目标消费者类型和层次,充实品牌和产品的内涵。

新零售一直强调的就是以消费者为核心,以人为本的理念贯穿其线上和线下商业共生的整个进程。

除了整合纵向和横向价值链,对人进行整合也是新零售应该值得重视的。首先,零售商通过各种渠道,特别是社会化媒介,如越来越多的零售商通过微信对其消费者和会员进行互动和管理,通过加强与消费者的联系和互动,零售商能获得更多消费者信息来指导零售经营。其次,这样做也能增进消费者与零售商之间的"友谊",使消费者对于零售商的依赖不仅限于产品上,而且能产生更多情感上的依赖。在企业内部,零售企业对不同来源、不同类型的流量数据和行为数据进行广泛获取,在组织内平台上有序地传播,提高组织内部的透明度和沟通效率,从而促使员工更加了解企业信息和消费者信息,提高员工的工作效率和组织承诺,使企业、员工和消费者之间的界限逐渐消弭。

新零售时代,新零售商将借助科技创新带来的便利,整合和协调零售立体价值链中的各个部分,形成一个良好的商业共生生态圈。

第三节 新零售的垂直化

一、综合零售与垂直零售

我国电子商务在起步阶段其实有很多垂直化的商城,如以电器起家的京东、以图书起家的当当等，但是随着大规模资本的进入，这些网站开始慢慢变为多元化电商。之后，像凡客诚品、麦考林、好乐买、乐淘网、佳品网、品聚网等这些当年风光无限的垂直电商不是被收购就是倒闭。在只有扩大规模，才能做大做强，才能降低成本获取高额利润的理论指导下，甚至有人喊出了"垂直电商将死"的口号。

早期的电子商务除了垂直电商外，还产生了很多多元化的电商，如阿里巴巴的天猫、淘宝等。这些网站就像百货商店，为所有产品提供一站式的交易服务。

其实，综合电商表面上很综合，但是实际上各个品类的运营还是相当独立的，也就是说，相当于把一个个垂直类电商组合在了一起。就像美国最大的购物网站亚马逊，其经营的产品尽管五花八门，但各类目都有自己的专业团队独立运营。

垂直电商的确凋零了不少，但是也有很多垂直电商在崛起，如奢侈品领域的寺库、母婴领域的贝贝，以及跨境领域的网易考拉等。寺库在美国纳斯达克证券交易市场正式挂牌，上市之后的寺库还将开设更多线下体验中心，做好线下线上的融合。

而在线下，一些垂直类的零售因其专业性仍然受到了市场的高度肯定。例如，20 世纪 70 年代末期从美国得克萨斯州奥斯汀大学城起家的美国全食超市，一直以来就坚持做很垂直的天然食品和有机食品零售商，也是美国第一家拥有"有机食品认证"的商店。

全食从来不做广告宣传，完全靠顾客口碑。与沃尔玛的"天天低价"相反，全食超市的策略是"天天高价"，所有食品的价格会比普通食品高 40%到 175%。创始人 John Mackey 甚至认为，综合性零售观念在美国已经不复存在。他发现，很多人可能只为了买一块鳕鱼就走进全食超市。因为，他们认为这里更专业，喜欢这里的服务，这里的食物味道也更好。

其实，垂直而形成专业化的产品、服务和体验是垂直零售的永生之道，是任何综合零售平台无法比拟的。垂直零售商店是注入了特别因子的"专家型门店"，不管是从垂直品类的丰富性，还是产品品质，或是售后服务及其产品使用，垂直零售都可以通过专业化更好地满足消费者的专业需求。

一般而言，垂直零售有两层含义：第一层含义是商品品类的垂直，如前面提到的聚焦天然有机食品的美国全食超市，这类垂直零售店非常注重产业链上下游资源的整合，从而可以在某一品类中为消费者提供具有更多附加值的产品和服务；第二层含义是目标人群的垂直，如聚焦在母婴群体的贝贝网，这类垂直零售通过挖掘某一特定人群的需求，进行品类布局，满足特定人群各个方面的需求。但是，不管是针对垂直人群还是垂直品类，归根结底都是锚定一个细分市场，满足用户的细分需求。因此，在垂直零售开始的早期，一定要将细分领域做得足够专业和独特，放弃对规模的一味追逐。垂直零售最重要的是要找到与多元化零售差异化的消费群体，这种区隔越明显就越可能通过有特色的商品和服务占领垂直市场。当然在选定领域时，也要考虑这个垂直领域是否有足够大的市场空间。垂直零售商首先要确保自己从事的行业具有足够的市场容量，能够支撑企业未来的发展，而对于发展的速度则更讲求适度。

垂直零售与综合零售比较起来，本身的构建来自相关行业的专家，他们对行业的认知及技术研究发展趋势上有着权威的把握，更具专业性和引导性。这类垂直零售商提供的产品往往在行业内享有自己的声誉，能够被受众认可。垂直零售明显的优点在于能够很好地贴近消费者专业性的需求，这是与那些相对显得"平庸"的综合零售不能相提并论的。垂直零售商能够时刻完善自己在某一垂直领域的专业性，提升自身在行业内的威望。

其实，在综合性电商发展的早期，大部分电商一开始是从垂直起家的，像阿里巴巴那样直接就做综合模式的还是极少数。如果综合性电商要在某一垂直领域获得市场认可，一般而言必须做出较大的牺牲，拿其他品类的利润去补贴这种损失。这从另外一个侧面说明，垂直零售具有非常高的价值，值得那些综合性零售去拼杀。

综合性零售平台的兴起的确在一段时间内培养了人们一站式购物的习惯，但是这也导致综合性零售成本越来越高，而专业性越来越匮乏。随着电子商务的发展，大平台的流量成本不断增加，越来越多的零售商必然要另辟蹊径，通过细分零售市场走上了深度化的垂直化道路。

二、深入产业链的垂直

在综合性零售平台像黑洞一样吸吮各种流量和商品的时候，很多垂直零售企业感觉无法发力。其实，任何一款零售商品都要依靠大产业链的整合协作才能增加其价值。一条完整的产业链至少包括了原料供应、设计、研发、生产、推广、渠道、售后等部分。如果零售商能够深入产业链，把产业链整个体系的价值好好挖掘，这就有可能产生垂直零售的机会。

在垂直电商领域，网易严选可以说是异军突起，成为不折不扣的黑马。网易严选的成功在某种程度上，就是深入产业链找到的机会，也是抓住了中国消费升级的机会。如果把这两点把握好，就有可能在一个有巨头盘踞的行业中找到机会。

关于消费升级，企业家和学者、专家都说得比较多，但是都说得很笼统，没有形成一个可量化的指标。如果用这个指数来看最近几年的市场情况，就会发现社会消费品零售总额的增速在下降，而品质消费指数在上升。网易严选正是看到了这个升级的机会，看到了消费者越来越在乎品质的消费趋势。另外，中国制造业中有一些企业，他们有足够好的制造能力但是品牌知名度却没有被发掘出来。如果把这两者结合起来，就是一个利用人群垂直的零售机会。

网易严选深入研究了中国制造产业整个体系，充分利用了中国企业擅长制造而疏于研发和品牌的特点。一开始，网易严选就确定了"好的生活，没那么贵"的商业理念，并为此展开一系列的做法。网易严选试图打破一线品牌高品质和高溢价并行的价值结构，节省新品牌塑造成本并为释放制造环节优势创造直通车。

为了做到"好的生活，没那么贵"，网易严选一是削减中间商成本和品牌溢价，二是通过自建电商平台对整条产业链进行重组。为此，网易严选的采购人员深入各个原材料的核心产区，从原料选择到产品设计、打样都与制造商保持密切沟通和监控。品控方面，网易严选会要求制造商先行打样，再自费将样品送往全球权威的第三方检测机构进行质检。更有产中检测、产后检测、入库检测、巡检、抽检等诸多环节。

网易严选这种 ODM（原始设计制造）模式为其"好的生活，没那么贵"的理念实现，提供了强有力的支撑。它能去掉高昂的品牌溢价、挤掉各种广告推广成本、剔除中间环节，使价格回归理性，从而为用户提供物超所值的品质生活产品。

在传统零售供应链中，那些做生产制造的企业往往处于弱势地位，强势的渠道方不仅把压账期当成家常便饭，甚至还会一再压榨本已少得可怜的利润。网易严选为了吸引更多的优质制造商，保证稳定性，他们公布了这样的政策，每次和制造企业合作都会维持3~5年，不给他们带来资金上的困难，给所有的合作企业按照银行定期利率支付压款利息与优质制造企业深度合作，网易严选可以相对有效控制产品品质及价格，又不会因为模式太重影响扩张。这对于传统零售业来说是一个不小的创新。

网易严选在商品设计、包装设计、网页设计等方面都寻求高颜值、精致的特点。网易严选的设计团队会根据消费者的需求和严选本身的风格，提供日式、北欧、新古典、新中式等不同的设计方案，再由供应商进行生产。除了本身的设计中心，网易严选拥有将近400人的外包团队，除了有很多国内设计师外，还有来自日本、韩国、丹麦、法国、意大利的自由个人设计师及设计团队。

网易严选由网易CEO丁磊亲自掌舵，这个掌门人对工匠精神的追求在网易严选的成功中也扮演了重要角色。曾经32岁成为中国首富的丁磊在互联网"大佬"中，对产品的把控可以说是十分独到的。他个人其实早就开通了"丁磊的私物精选"专栏，推荐好物。在他看来，一个企业或者产品想要长寿，靠的是精益求精的工匠精神。这些年来网易邮箱、网易音乐、网易新闻、有道云笔记、网易游戏等都在印证他的这一说法。"网易出品，必属精品"成为网民很认可的一句口号，把网易的品牌企业形象与"品质"二字紧密相连。网易严选除了专注消费升级和在产业链的深挖上下功夫外，网易邮箱为其引流也功不可没。打开网易邮箱会发现，严选已经占据了邮箱首页的广告位。

面对网易严选的成功，众多电商似乎也看到了对消费升级群体进行垂直化的机会，于是京东推出了"发现好货"，阿里巴巴则发起了"中国质造"。相比于京东"发现好货"的悄无声息，阿里巴巴的"中国质造"则发起了一轮又一轮的路演。与网易严选类似，阿里巴巴的"中国质造"也是寻找那些有良好品质、制造能力，而在品牌上有短板的制造商进行合作。阿里巴巴希望未来将扶持100个产业带，1000个明星品牌，推动10000家传统企业转型升级。

三、定制化与小众原创

自从19世纪末意大利经济学家帕累托提出"二八法则"以来，它在各个领域都对人们产生了深远的影响。人们发现，我们获得的信息、资源、财富及可选择性的一切物品的基本上都由这 20% 来决定。在其影响下，人们往往关心和关注的焦点都在这 20%，也就是关注在何种情况下可以通过最少的投入获得最大化产出，追求规模效应成为商业的共识。

与这种追求规模效应不同，《连线》杂志前主编克里斯·安德森关注到了"二八法则"中 80% 的一端，并且提出了影响深远的"长尾理论"。它的意思大概是，只要存储和流通的渠道足够多，需求不旺或销量不佳的产品共同占据的市场份额就可以和那些数量不多的热卖品所占据的市场份额相匹敌，甚至更多。长尾理论认为，企业其实可以通过对市场的细分，集中力量于某个特定的目标市场或严格针对一个细分市场，或重点经营一个产品和服务，创造出产品和服务优势。

"长尾理论"自始至终谈的都是品种多样化的问题，认为这样做会带来更多用户选择，更好地满足用户的个性化需求，是一种可以有效回避价格战的增值之道。这一点在新零售时代是必须引起我们关注和借鉴的。在信息技术不发达的时代，"长尾理论"的应用受到许多局限，但是这种局限未来将会越来越小。

Google 的成功就在于它找到并铸就了一条长尾，如 Google 的 AdSense 服务，面向的客户是分散在网络世界中无数的中小型网站和个人。对于传统的广告商或者媒体而言，这个群体中的个体价值十分有限，甚至不值得一提，也许是几十元、上百元的收费。但是，Google 却可以通过互联网信息技术为其提供个性化定制的广告服务，将这些在长尾中数量众多的群体汇集起来，形成了非常可观的范围经济。

非工业化时代的量体裁衣终究因为成本太高，无法实现规模效应而逐渐衰落。随着工业化生产线带来的制式服装量产，规模经济得以实现，但同时以顾客为中心的量体裁衣也变成了标准尺码。尽管随着消费观念的升级，越来越多的消费者不再满足于工业化千篇一律的制式成衣。但高端定制服装的价格往往又令人望而却步。

定制化、个性化的商业实践长期以来受技术条件的限制无法实行。如今工业化思维已经面临变革，打破工业化规模成本的工具已经出现。受此影响，未来工厂追求的目标将不再是大规模生产，而多品种、定制化、小众原创的"私人订制"趋势将越来越明显。

长久以来，人们生活在物质、资源、信息匮乏的时代，因而选择也无法遵从内心和需求出发。但随着互联网的出现，这一切都逐步地改变了，热门与冷门、主流与非主流、中心与边缘之间的界线正变得越来越模糊，一种产品卖遍天下的时代正在结束，地位正在被多样化的市场取代。

尽管在这个时代，我们仍然没有办法为每一个人提供完全不一样的东西，但互联网所提供的交易方式，消除了传统有形的空间壁垒，提供了无限的选择，互联网降低了接触更多人的成本，有效地提高了市场的流动性，为更多的产品和市场提供了可能。互联网的出现，让大热门不再是一统天下的局面，市场上出现了大大小小的"蛋糕"，只要找到人们的需求，就可以找到一个利基市场，分得市场的一块"蛋糕"。

市场已经进入一个以个性化定制来满足各式需求的时代，"私人订制"的趋势越来越明显。定制化服务能够带给消费者的是个性化的需求满足，这是一种量身打造、有需要有供给的活动，是未来发展的趋势。为客户提供有针对性、个性化产品将变得尤为重要，高端智能解决方案与定制化服务将成为新的增长引擎。在能实现低成本定制的情况下，"私人订制"为消费者带来的好处是显而易见的。一方面，消费者可以以更便宜的价格获得质量更好的产品及服务；另一方面，消费者眼前的选择也更多，不再是千篇一律的同质化产品。

在传统工业化生产模式下，个性化定制与大规模的标准化生产之间存在着天然的矛盾，定制化生产天然意味着高成本和长周期，而大规模生产却可以做到成本低、效率高、交货快。

在新零售产生之前，也有很多定制化的生产存在，如一些服装定制。但遗憾的是这些定制化往往规模小，成本高，且交货很慢。以西装定制为例，由于从量体、打版到剪裁、缝制、熨烫都需要手工制作，尽管这样能够最大限度上满足个性化需求，但效率实在太低。如何在工业化流水线作业与定制化两种模式间取长补短，一直困扰着企业。

在今天的互联网技术、大数据已经柔性化生产的背景下，要实现将两者的结合已经有了充分的条件。

首先，他们以互联网的方式收集消费者个性化的需求信息。尽管这种个性化的需求在某一个区域内，数量极其有限，无法实现大规模生产。但是扩展到全国区域，就可以实现 C2M 的个性化大规模定制。这种先卖后做的方式，很好地解决了库存的问题，降低了成本和风险。

在设计环节，他们又通过互联网实现众包、众创，调动在互联网背后各个区域的设计师、研发等方面的力量，以极低的成本解决传统方式在设计、研发方面的高投入。

其次，在整个服装的供应链系统环节，红领后台数据系统打通消费者和生产者的信息渠道，让双方直接交互，减少渠道障碍和各种成本。

在红领公司内部，他们通过组织体系的变革，努力实现去科层、去部门、去审批、去领导化，大幅度减少了管理人员，进一步在管理上节约成本。通过大数据、智能化的方式，减少人为的干预，更好地满足消费者需求。

最后，在服装的具体生产环节，红领集团通过对工序、工艺、工时、工价的高度标准化、数字化，实现了生产过程的全数据驱动，降低了企业对熟练工人的依赖度。

四、从综合到精品

以业态的发展为标志，中国零售业的发展可以划分为两个阶段：第一阶段是 20 世纪 90 年代以前，基本上是以国有大型百货业态为主体的单一业态阶段；第二阶段是 90 年代以后，百货商场开始逐渐走下坡路，而大中型连锁超市开始逐年递增，其销售增长明显高于社会商品零售总额的增长，成为各种零售业态中极具市场活力与竞争力的零售业态。

随着新生代作为消费主力的出现，他们相比较于其父辈，消费习惯开始出现很大的变化，不再追求传统意义上的名牌，而是开始注重更能代表个性、价值观的精品品牌。在零售商品的选择上，多样性、丰富性成为更好的标准。这种追逐精品化的需求亦将是未来新零售时代的显著特征之一。

这批消费者对精品消费、个性化消费的追逐，对综合商场/商超的厌倦反过来会推动精品零售的流行。

第四章

新零售背景下的新营销模式

第一节　全域营销

相比全触点全渠道营销，全域营销是一种全新的新零售营销方式，它基于零售商所拥有的各个线上线下渠道，以大数据为资源，旨在建立全链路、精准、高效、可衡量的跨屏渠道营销体系。比如，阿里系新零售推出的 Uni Marketing，是基于阿里新零售系统用户的统一身份 ID，即淘宝账户、支付宝账户或阿里旗下其他生态构成方的用户数据，如优酷、UC、盒马鲜生、银泰等。在这些用户账号体系之上，阿里系新零售的数据资源就实现了统一身份，并且做到了可辨识、可分析、可触达，进而实现对生态系统内所有用户的全链路、全渠道式营销、全数据、全媒体。

一、全链路

谈起新零售，不少业内人士都认为，它只会对零售终端产生影响，事实真的是如此吗？其实不然，因为除了零售终端之外，新零售还会影响整个供应链。对于零售企业而言，只有实现了整个供应链的贯通和联动，才能最大限度地保证运营效率并降低综合成本。可以说，没有新供应链就不会有新零售。那么，这里所说的新供应链究竟是什么呢？其实它就是全域营销当中的全链路。

新零售时代，零售企业不仅要改变生产模式，还要改变营销模式，而实现全链路营销就是改变营销模式的第一步。

（一）全链路的概述

全链路包括两个方面的内容：一是从整个品牌管理维度出发，企业要实现品牌策略、传播、运营和数据沉淀的全链路；二是从品牌和消费者关系的维度出发，每个消费者在做决策时都有一个网状的、立体的和个性化的决策链路。在这里，我们强调的不是消费者决策路径的个体性和线性趋势，而是消费者对品牌的认知、兴趣、购买欲以及忠诚度。全链路营销要求企业把产品的所有推广链路都利用起来。整个推广链路由三大步骤组成。

1. 流量引入

顾名思义，流量引入就是将流量引入店铺。这个步骤的关键就是根据不同的用户群体，采用不同的定向策略引入流量。

2. 承接

承接是指在流量进店后进行的一系列行为及动作，如顾客关注、收藏、加购物车、直接购买等。

3. 后续行为

后续行为是指当顾客对店铺或者商品产生了关注、收藏、加购物车、直接购买等行为后，企业针对如何管理及引导消费者产生更高的转化和销售额等问题所做出的一系列行为。那么，对于零售企业来说，全链路营销应该如何实现呢？国内对新零售探索较为成功的案例当中，盒马鲜生可以说是非常典型的一个，其全链路营销模式值得广大零售企业和零售商学习及借鉴。

（二）全链路的案例分析——盒马鲜生

1. 从消费者体验着手，进行全链路营销

在盒马鲜生创始人看来，盒马鲜生的定位不是超市，也不是便利店、餐饮或菜场，而是数据和技术驱动的新销售平台。当然，也正是他的这种想法，才造就了盒马鲜生的全链路营销模式。为了更好地实现"3R体系"目标，盒马鲜生还制定了详细的"五新战略"。阿里巴巴也从多个环节为其提供了强有力的资源支持，如现代物流技术、大数据驱动、完善的供应链等，这些支持也都是盒马鲜生实现"全链路"营销的强大动力。

盒马鲜生用户的购物流程是这样的：用户产生购物欲望后，会选择线下门店或线上平台这两种渠道购买商品。具体地讲，用户可以去线下门店直接购买商品并自提回家，也可以把购买的商品交给盒马鲜生的后厨进行加工，然后在大堂食用，或者先到线下门店体验之后再到线上平台订购。

对于盒马鲜生来说，"3公里30分钟送达"无疑是一个非常关键的承诺。要想顺利兑现这一承诺，就不能浪费任何一分一秒。这也就意味着，一旦生成订单，扫码、拣货、传送、打包、配送等各个环节都必须有序且高效。这就需要扫描枪、二维码、传送滑道等相关技术的助力。

此外，盒马鲜生还十分重视粉丝的力量，积极通过与粉丝互动进行营销。它的线下门店会定期或不定期地举办各种粉丝交流活动。例如，家长可以带着孩子到门店做蛋糕，然后把做好的蛋糕拿到线上去分享和展示。这些粉丝交流活动不仅可以促进商品销量的提升，还可以在很大程度上增强粉丝黏性。

2. 通过堂食区提升消费者的消费体验

为了增加消费者的消费场景，盒马鲜生设计了堂食区这种体验空间。这也使盒马鲜生完成了从商超到餐饮的市场空间转化。来盒马鲜生消费的消费者都可以把自己选好的新鲜海产交给餐饮区的后厨进行烹饪加工，然后只需稍微等待就可以坐在堂食区享用美味了。实际上，"超市+餐饮"这种经营模式并不是一时兴起的突发奇想，而是经过慎重考量的商业策略。生鲜商品是盒马鲜生的主要盈利部分，盒马鲜生会为消费者提供加工服务，加工服务的价格往往是能为大部分消费者所接受的，所以这类商品非常受欢迎。此举不仅能吸引流量、提高门店人气，而且还可以提升消费者的消费体验，可以说是一举两得。

3. 店内安装的传送滑道提升供货销量

传送滑道被安置在店内顶部，连接了商品陈列区和后仓，其主要作用就是快速传送消费者在线上订购的商品。工作人员一旦接到线上订单，就会马上开始拣货，再通过滑道将货输送到下一位工作人员那里。当完成拣货之后，货品就会被迅速传送到后仓进行打包和配送。

传送滑道的设计不仅可以节省大量人力物力，更关键的是它还可以将线上订单传输到后仓进行打包所需的时间压缩至最短，从而保证线下消费者的现场体验，这样线上线下就可以实现真正意义上的并行运作、互不干扰。从选购商品、陈列商品、拣货操作、传输系统到配送到家，每个环节都经过了细致的思考和精心的设计。当然，这也是盒马鲜生能成为新零售领跑者的重要原因之一。

总之，全链路确实是零售企业向新零售转型的必经之路。在这种情况下，零售企业就应该抓紧时间，尽快实现整个供应链的贯通和联动，只有这样才可以提高自身的竞争优势，从而跟上新零售时代的步伐。

二、全渠道

（一）全渠道基本要点

1. 全渠道的定义

全渠道就是对应单渠道、多渠道和跨渠道而衍生出来的，是一个一步步进化的过程。但是，通过大量的实践来看，这种理解似乎已经不能说明今天的营销模式。因此，我们需要对全渠道进行更深层次的了解，扩充全渠道的范围。全渠道并不只是全部商品销售的渠道，还包括生产渠道、信息渠道、资金渠道和物流渠道、顾客移动渠道等。

2. 全渠道营销的必要性分析

全渠道营销模式有了一个新的定义：个人或者组织为了实现战略目标，在商品专业渠道、信息渠道、资金渠道、物流渠道、顾客转移渠道等范围内实施渠道选择的决策。然后通过大数据分析顾客的偏好，根据这些偏好实行精准营销。

全渠道营销是营销变革的必然方向。为何要变革传统营销，实施全渠道营销？究其原因是应对全渠道消费者群体的突起。纵观市场，我们发现市场上最具活力和购买能力的消费者是全渠道的消费者群体。他们不仅仅是通过全渠道来购买产品，他们还进行了全渠道研发、设计产品、全渠道消费、全渠道支付、全渠道收货、全渠道对产品进行评价和传播。

现在设想一下，如果我们现在想要购买一支口红我们会怎么做？在逛商场的时候，我们一定留意彩妆柜台。平时逛街的过程中，也会注意口红方面的广告信息。回到家后，一定会去逛逛线上比较有名的化妆品电商，然后查看商品下的买家秀和评论。我们发现这一系列的做法其实简单来说就是在获取商品信息。现如今随着互联网的发展，信息透明化的程度越来越高，用户收集信息的渠道越来越广。因此，在全渠道营销中，全渠道的顾客群一定是需要全渠道收集信息。这就要求商家能够为用户提供全渠道信息，否则，商家将会失去被顾客发现和选择的机会。

以前消费者在购买商品时，购买决策是购买什么商品，选择什么样的品牌。而全渠道营销模式中，顾客的决策就远不止于此，还需要加上一个决策——顾客参与产品的设计和生产。通过大数据，我们不难分析出全渠道顾客群在购买产品时表现出两个特别明显的特征：一个是顾客会全渠道收集信息;另一个是顾客喜欢参与产品的设计和生产过程,期待新的产品能够满足自己个性化的需求,会更加积极投入商家的产品设计。

为什么现在越来越多的企业让顾客参与产品的设计和生产过程?除了满足消费者个性化的需求,还有一个大家忽略的重点。在以往想让消费者参与产品的设计,会受到很多条件的限制,如物理空间,然而随着互联网的发展,人们可以很方便地参与产品的设计。消费者既可以选择线上参与,也可以选择线下参与,大大提升了参与的便捷性。

3. 全渠道营销的两个基本点

在互联网发展初期,线下不少传统企业都把发展电子商务当作一种新的渠道来规划,随着互联网尤其是移动互联网的发展,人们渐渐认识到全渠道营销的两个基本点。

(1)消费场景互联是全渠道营销的本质。全渠道营销是为了打通所有的业务场景,包括流量打通、会员打通、商品打通、体验打通和支付打通,使企业的经营活动为移动化、数据化、信息化、网络化的消费者带来更好的体验。因此,全渠道的真正意义并不是多一条渠道做买卖,而是让消费者可以随心所欲地触达和享受各种服务。

(2)开辟创新空间。利用新网络、新技术、新模式,可以打造新品牌,开辟新的盈利空间。通过跨界合作实现联动的营销模式。

4. 全渠道营销的基本条件

为什么很多企业做全渠道营销没有获得应有的回报?这涉及很多制约因素。先看一下某网站把社区、校园与农村作为三个有待人力拓展的市场。在开发大学市场中,与校园电商平台建立了合作关系。这些平台的共同短板是缺乏供应链资源,商品品类也比较少。因此,该网站扩充了商品种类并将商品库存量信息及时发送在 App 上,并且能够让网购者及时看到存货信息,如果缺货就显示"暂时缺货"。这对某网站的营运管理与信息系统的要求是非常高的。很多企业做不到库存精准,用户体验就很差,这就是业务可能失败的关键原因。所以,做服务行业,关键依然是细节,这是永远不变的真理。

上述例子说明,全渠道推进过程中,后台必须升级库存体系,必须把不同渠道的库存整合起来,库存信息能够实现动态分享,单品库存必须实时精准,前台员工必须掌握必要的技能,培训解决不了问题,就必须更新换代。此外，还有一个更重要的问题是，公司总部上下必须适当改变营运规则，一切都必须以消费场景互联为中心来开展各项营销工作。例如，有些公司声称"全渠道""互联网+"与"O2O"了，但网上买的东西不能到实体店退货，A店购物获得的优惠券不能到B店使用，这就不是全渠道，总台必须思路转变。可见，后台系统整合、前台人员更新，总台思路转变是实施全渠道营销的三个基本条件。

（二）全渠道营销模式的难点与突破

1. 全渠道营销的难点

全渠道模式的应用，会促使企业在供应链方面进行改革，其改革难度远远超过O2O模式下的企业整合。另外，在粉丝经济、体验式营销迅速崛起的今天，企业在实施全渠道营销模式的过程中，需要将各个渠道的运营打通。如今中国已经有部分企业在这方面进行了探索，但其进展并不顺利。

（1）企业缺乏自主权。在国内零售行业中，采用联营模式的企业占据大部分，导致企业在产品定价、品类引进方面缺乏自主权。这增加了企业开展全渠道营销的难度。

（2）缺乏足够的资金支持。尽管企业通过拓展线上渠道，能够减少实体店开设的成本消耗，帮助企业节省成本，但在开展全渠道运营的过程中，企业同样需要对网络渠道的业务发展给予足够的资金支持。

（3）线上与线下渠道各自独立，未能实现渠道融合。有些零售连锁企业并未打通各个渠道的运营，线上与线下的业务开展非但不能相互配合、相互补充，还在内部展开激烈的较量，增加了企业实施全渠道运营模式的难度。

（4）人才方面存在短板。相较于以往的市场拓展及运营方式，全渠道营销已经发生了很大的变化，无论是网络营销、信息化设备的应用，还是客户关系的管理，都对运营者提出了较高的要求。但很多企业在专业人才配备方面还存在缺口。

（5）产品种类有限。如果企业本身的经营范围较窄，涵盖的产品种类比较少，企业实施全渠道运营模式的意义就不大。具体而言，如果企业的网店为消费者提供的商品种类十分有限，就很难提高对消费者的吸引力。

2. 全渠道营销的关键突破点

消费者的商品需求从多元走向单一，并希望商家为其提供多元化的消费渠道。而全渠道营销模式能够实现不同渠道之间的协同与配合。近几年，国内零售行业开始将不同渠道的运营结合起来，通过将不同渠道整合在一起来满足消费者的多元化需求，进一步提升消费者的购物体验。在这种大趋势下，零售企业要根据自身的具体情况，选择适合自己的渠道布局模式，着重突出企业的差异化竞争优势。从现阶段的发展情况来看，企业在实施全渠道运营的过程中，需要关注以下几方面。

（1）明确企业的定位。要避免将零售与供应体系混为一谈，作为零售商、品牌供应商及品牌企业，需要清晰把握自己所担任的角色。

（2）打通不同渠道的供应体系。例如，天猫零售店铺与淘宝零售店铺，可通过天猫供销平台获得统一的产品供应。

（3）企业要对各个渠道进行统一管理，为品牌商提供渠道商品、经销商的实力情况等相关信息。

（4）提高数据资源的开放程度，实现商品、品牌、渠道、行业等数据信息的共享。例如，许多天猫的商家，都实现了与供应商之间的信息共享。

（5）实现供应链的统一。如今零售行业的整体运营是围绕店铺经营展开的，在企业实施全渠道运营模式后，需要打通各个环节的供应链体系，改善传统模式下企业在库存、品类管理方面"各自为政"的状态。

（6）在不断完善供销体系的基础上，通过建设生态圈来促进整体盈利的提升。从品牌商直至终端消费者，中间经历了许多节点，这也是生态圈的重要组成部分。在全渠道运营模式下，企业要处理好服务商、品牌商、渠道商以及顾客之间的利益关系。

综上所述，全渠道营销已经成为零售行业的主流趋势，位于行业各个环节的企业，都要对行业未来发展方向进行跟踪，并及时抓住机遇推动自身发展，为全渠道运营模式的普及贡献一己之力。

三、全数据

互联网时代，全数据的应用在企业营销中是必不可少的，它是新零售的基础和重要工具。它的价值主要体现在以下两个方面。

（一）带动业务的增长

对于新零售企业来说，以大数据作为驱动的营销取代传统的营销方式，会使营销变得更加简单。企业采用大数据技术将数据渗透到营销渠道的所有环节，能够极大地提高营销效率，带动业务的增长。

（二）更好地服务用户

大数据所服务的对象体现在两个方面：一是它服务于企业内部，使企业实现真正意义上的数字化管理；二是它服务于消费者，能使企业充分且精准地挖掘消费者的需求，保证为消费者提供个性化和多元化的服务。从大数据技术帮助企业进行内部管理的角度来看，数据技术可以帮助企业实现信息传输的即时性，使供应链的各个环节都能以数据的方式表示出来，使决策者更直观、更快速地看到企业各部门的运营情况，最大限度地简化上传下达的烦琐流程，提高企业的运营效率。

从大数据技术优化对消费者的服务来看，零售企业可以通过对消费者进行算法测算，分析他们的兴趣爱好，有选择地向他们推荐产品，实现对产品的个性化营销。此外，大数据还可以使企业了解消费者对产品的使用情况，通过数据的反馈更好地优化产品和服务。如今，作为新零售的标志，大数据技术已被众多企业广泛采用。应用时应注意以下三点：一是用数据分析消费者需求；二是实现线上线下数据的结合；三是以最快的速度对数据进行处理、修正、执行。

因此，在对新技术的应用方面，零售企业的决策者应该思路清晰明确，不能盲目追随潮流，而要对新技术有充分的了解和把握，做到有的放矢，这样才能将新技术的优势最大限度地发挥出来。

四、全媒体

在传统媒体的时代，信息传播的主要媒介只有报纸和电视。但是，自互联网崛起以来，报纸和电视这两大主要传媒渠道的地位受到了威胁，与之相对的是互联网作为一个新兴的传媒渠道得到了快速发展。近年来，随着移动互联网的逐渐普及，移动传媒渠道也受到了各企业和商家的高度重视。在这种情况下，报纸、电视、互联网、移动互联网就发展成了当前主要的传媒渠道，简称"全媒体传播渠道"。

基于此，越来越多的企业希望能够建立自己的全媒体传播渠道。当然，其中也有不少企业已经利用全媒体传播获得了成功。以某集团为例，该集团围绕着微信、微博等平台建立了自己的全媒体矩阵。相关数据显示，某集团的微信账号数量已经超过了200个，微博账号数量也超过了160个。由此看来，在建立全媒体传播渠道方面，某集团确实下了不少工夫。但对于零售企业来说，只建立全媒体传播渠道是远远不够的。因为如果营销跟不上，即使全媒体传播渠道建立得再完善，也无法获得良好的传播效果。那么，零售企业应该如何做好全媒体传播渠道下的营销呢？上述的某品牌这一经典案例似乎可以给出很好的答案。

第二节　跨界营销

一、跨界营销概述

在营销上最常运用的跨界概念有商品跨界、文化跨界、渠道跨界等，其经典案例不胜枚举。从过去到现代，从欧洲到亚洲，跨界成了潮流，已经代表了一种特定的生活态度和审美方式，代表了新锐、时尚的生活态度。通过跨界合作，让本来毫不相干甚至矛盾、对立的元素在品牌的一种立体感和深度感相互渗透、相互融合。

（一）以消费者为中心

可以建立"跨界"关系的不同品牌，一定是互补性而非竞争性品牌。跨界营销策略中对于合作伙伴寻找的依据，是用户体验的互补，而非简单的功能性互补。因此，跨界营销讲求的是以消费者为中心的营销理念。观察跨界现象的发生，就会发现，当一种文化符号已经不能全部诠释生活方式时，又出现了另一种文化符号的一种综合消费体验，就是出现跨界的深层原因，是综合了几种文化符号多次合作的解释与再现，这些文化的载体符号是不同的品牌。

所有优秀的品牌可以正确地体现出目标的消费者的特征，可以传达独特的用户体验。但是，由于特征是单一的，同时市场上又出现了类似的竞争品牌，加上外部因素的干扰，所以品牌对文化、方式、理念的解释效果会减弱。找到一个或多个非竞争的互补性品牌，从多个方面解释目标组的特征，形成更完美的品牌形象，产生更强大的品牌联想。因此，超越了跨界和突破现有行业的惯例，通过外部业界价值或全面革新实现企业价值、品牌的行为。依据不同产业、商品、偏好的消费者之间的共性和有所联系的消费特征，从一开始就渗透到没有任何联系的要素，从许多方面来解释，积极响应消费者的共同体验、强调独特的生活态度、美意识和价值观，积极响应消费者的好感和目标市场。

(二) 跨界营销的原则

美国著名商人约翰·沃纳梅克曾说："我知道我的广告费有一半是浪费的，问题是我不知道浪费掉的是哪一半。"这句在广告界为人所共知的名言告诉我们，正确的营销方向与思路决定营销策略的成败。品牌营销是累积品牌资产的必要手段，一步之差可能直接导致在市场的失利或隐没，不但不能赢取新进者的"芳心"，甚至动摇忠诚者的品牌信仰。因此，在大胆拥抱跨界营销这一营销方式之前，必须了解它的规则。

1. 资源相匹配原则

"跨界营销最主要要像婚姻一样要门当户对，寻求强强联合，这样才能使跨界营销 1+1>2 获得双赢，否则，会给双方带来无尽的痛苦。"资源相一致，的的确确是两个不同的企业品牌营销跨界的时候，两个具有一定的共同性和对等性功能企业的品牌还有实力加上营销思路和能力、企业战略、消费群体、市场的地位等多个方面，只有拥有相同的共同点和对等的发挥，跨界营销才会有更好的效果。

2. 品牌效应叠加原则

俗话说"英雄配好剑"。如果"英雄"和"好剑"是不同的两个品牌，那么"好剑"体现了"英雄"的英勇，"英雄"发挥"好剑"的威力，两者之间突出的互补性，发挥相乘效果。

3. 消费群体一致性原则

若要成功跨界，就要求双方企业或者品牌必须具备一致或者交叉消费群体。实质上跨界营销，是把同一个用户群体从多个品牌的不同角度进行诠释。因此，在企业思考跨界营销活动的时候，掌握它的消费习惯和本身的使用品牌习惯对目标消费层进行深刻的分析，进行有效的工作、营销和普及。

在新品牌进入市场时，若使用跨界营销策略，这一原则就显得尤其重要，用得好便能借力打力，形成良好又鲜明的品牌形象。

4. 品牌力量非竞争原则

通过合作丰富商品和品牌的内涵就是跨界营销的目的，实现双方销售上的提升，来达到双赢的结果。这就要求参与跨界营销的企业或品牌就应是互惠互利、互相借势增长的共生关系，而不能是此消彼长的竞争关系，不具备竞争性就是企业进行合作的基本要求。否则，跨界营销就变成了奇怪的行业联盟。打破传统的营销思维模式，跨界营销寻求的是行业内的合作伙伴，共同发挥不同类别品牌的相加效果效应。同时，要避开单独作战的模式，合作的跨界旨在满足消费者多方位的感官体验和需求，这是有着相近定位的单一品类品牌联合无法实现的。

5. 商品功能非互补性原则

作为跨界相互协作的企业，必须拥有相对独立的商品属性，同时也不需要拥有配合各自补充商品的功能。例如，不是桌子和椅子、沙发和茶桌的关系，而商品是可以独立存在的，根据各方面的不同和共同点，带给消费者多维度的消费体验。比如，在渠道、品牌内涵、商品人气或者消费群体上的互补。换言之，跨界强调的是用户体验上的互补，而非简单的功能性互补。

6. 品牌理念一致性原则

企业品牌可以表达出消费者进行消费行为的行为文化的许多特质，也可以代表一个特定的消费层次，因为它同时也属于文化的载体。企业树立品牌的同一性是指加入合作双方的品牌有比较接近的目的性和消费者具有相同性的特征。保持企业树立品牌的同一性，才能实现跨界营销。两个不同的品牌在某个特定环境下或者特定条件下效果是相同的。

7. 以消费者为中心原则

在发生相对较大转变的现代营销模式中，现在的企业营销行为都是以消费群体作为工作的主要目标去展开实施营销策略，以人为本，以消费者的需要去生产产品，才是现代营销的方针，而营销只是一种消费手段。

二、跨界营销，全方位包围目标用户群

"跨界营销"是指商家利用各自品牌的特点和优势，将自身核心元素提炼出来，与合作伙伴的品牌核心元素进行契合，从多个侧面诠释一种更好的用户体验。在传统工业营销时代，商家提供产品和服务来满足顾客要求，顾客也清楚自己需要什么产品；在工业营销时代，主要解决信息不对称的问题，让顾客发现商家的产品和服务，从而达成交易。而在移动互联网营销时代，商家要从顾客的需求出发，创造出能够更好满足顾客需求的产品和服务，移动互联网时代的营销就是让顾客体验并喜欢上商家的产品和服务。跨界营销，一切以顾客需求和体验为中心，旨在提供能让顾客尖叫的消费体验过程。根据经营的具体情况，我们来有针对性地介绍几种跨界营销的形式。

（一）产品（服务）跨界

零售业营销的基础是产品（服务），没有产品（有形产品和无形服务）的营销无异于无源之水、无本之木。实体店由于较少触及生产制造环节，其产品跨界多表现在捆绑销售上，这种捆绑的前提是关联产品的目标顾客群体要具有一致性，如此，才能给顾客带来便捷，还能提升顾客体验。

（二）价格跨界

商家在制定价格策略的时候，可通过免费的模式吸引顾客，待顾客进入营销范围，再向他们销售高利润的产品、服务，这是价格跨界的典型做法。举个例子，汽车保养店一般都会做洗车服务，单纯的洗车服务通常都是不赚钱的，最多是微利。这就是商家的精明之处，他们做洗车服务的目的本就不是为了赚钱，而是为了吸引客流，增加顾客黏性，增加顾客对周边高价值产品、服务的消费，这才是汽车保养店的利润大头所在。

（三）促销跨界

当线下实体店客流量越来越少的时候，商家都会想尽各种办法主动出击，去寻找客户资源。这种情况下，如果能够追踪到顾客的生活习惯和消费地图，那么商家就可以去寻找顾客消费地图上的那些商家，进行联合促销。比如，某家高级餐厅的目标顾客是高端客户，那么，高端客户的日常消费行为都有哪些呢？他们会去豪华汽车4S店做保养，去美容店做SPA，去高级会所聚会，去健身会所健身，去高端商场购物。只要整合顾客行走

地图上的商家资源，就能够联合促销，快速找到顾客并且降低营销推广的费用。

三、跨界营销的要点及其意义

跨界营销已经成为时代发展的趋势，各行各业的营销人士对跨界营销相当重视。越来越多的知名品牌纷纷借助网络的力量，寻求互补互利的跨界合作。企业要想顺利地跨界，尺度很重要，跨得太小，覆盖面小，影响力自然有限；跨得太大，可能又无法有效掌控与管理，甚至有可能被别人牵着鼻子走。因此，企业跨界必须把握以下三个要点。

（一）跨界要大胆，但不能盲目

企业在进行跨界时，跨度可以适当地大一些，即使是与企业风马牛不相及的行业，也要敢于尝试。

（二）跨界要有高度

企业跨界要尽量做到有高度，这样才能吸引更多人的关注。例如，某奢华汽车品牌联手奢华男装品牌，使得两大顶级品牌跨界营销赢得了关注。

（三）跨界品牌渗透力要深

在某汽车相关电影火爆登场后，除了赢得了孩子们的欢呼声，还获得了无数爱车人的青睐。其中的汽车无论在款式、色彩、功能，还是在宣传展示方面，都相当炫酷，绝对是一场精彩绝伦的豪车秀。这种跨界营销，一直在升级，一直渗透到品牌的文化，从纯动画制作到彰显品牌的理念，这种深入能带来一种精神号召力。企业只有真正领悟到了跨界的精髓，才能跨界成功，对品牌和营销而言才是有益的。可以说，跨界就是集合各种优势条件，结合天时、地利、人和，达到让企业获益的目的。因此，跨界营销对于企业来说意义重大。主要体现在以下几个方面。

1. 延伸产品的功效和应用范围

各个行业间的界限正在逐步被打破，在一个大的概念范围内，行业之间早已是你中有我、我中有你。我们在很多时候难以分辨一款产品应该属于哪个行业，比如我们熟悉的康王洗发产品，也许你认为它属于日化用品，但其实它属于药品行业。

2. 满足新型消费群体的需求

消费者的需求已经扩散到越来越多的领域，对任何一款产品，他们不仅要求满足功能上的需求，还要求体现出一种生活方式或个人价值。

3. 提升品牌的竞争优势

如今，不再是一个品牌单打独斗的时代，任何一个优秀的品牌，由于特征的单一性，受外部性的影响较大，尤其是当出现具有替代性的竞争品牌时，企业品牌的影响力就会受到挑战。基于这些原因，跨界营销通过行业之间的相互渗透和相互融合，品牌与品牌之间的相互映衬和相互诠释，使得企业整体品牌形象得以加强。

总之，企业通过跨界营销，不仅能有效整合资源，节约成本，还能通过用户体验提升口碑，加深用户对企业品牌的价值认同，建立创新营销的新模式。

第三节　微营销

一、什么是微营销

你的朋友圈是不是有很多做微商的朋友，并常常被他们的消息刷屏？他们大谈人生哲理或是名人经验，或者晒产品晒订单，这些都是微营销的一种手段。随着互联网经济的不断发展，以网络为传播平台的营销行业迅速发展。微营销，并不是我们单一地指微博营销或者微信营销，它是指以移动互联网为平台的营销过程，微博、微信、微信公众平台、App 都是微营销的方式和手段。

微营销有一整套的营销方法和策略，注重每一个细节的策划和体现，以手机、平板电脑这样的新兴平台为依托，有计划、有目的、有策略地进行营销活动。微营销的关键在于和客户建立牢固的友谊，强化客户关系，实现客户价值。

微营销的一个重要特点就是互动性。和以往电视、广播等传统的营销方式不同，微营销能够和客户形成深度互动。当电视上的广告铺天盖地袭来时，也许你只会记住一两个经典的广告语。而微营销的特点在于润物细无声，你并没有感受到的巨大影响力，但是在潜移默化中一直受到影响，通过多种形式互动实现产品认知，形成深刻印象。

微营销的互动性还体现在线上线下的营销整合。微营销主要有两种模式，一种是纯粹依靠线上平台，通过微博、微信、App等建立客户联系，然后在微商城中完成交易。另一种就是线下同样有实体店，线上线下的资源可以相互引流，从而获取客户的信任，增强互动。微营销最开始兴盛于微博，商家利用微博发起吸引网友关注的话题，从而宣传品牌。微营销不会去赤裸裸地宣传产品，更多的是讲情怀和体验。人们可以通过微博去发布自己的信息，同时可以转发和评论他人的信息。你可以上传一张图片，可以发布一段视频，可以通过微博互粉，相互关注。而切中网友痛点的营销内容则会形成巨大的访问量和浏览量，从而给商家带来巨大的商业价值。

初期的微营销主要通过微博来实现，微博具有开放性的特点。后来，人们更追求私密性，交流的平台更多转移到了微信上。微营销的阵地也开始向朋友圈转移。如何能够攻入消费者的朋友圈，面对面、点对点宣传成为微营销的重点。可以通过在朋友圈发布精心设计的文案、图片和案例，引发关注和认同。

微营销策略分为三步：第一步是吸引客户，第二步是经营客户，第三步是打造忠实粉丝客户。微营销要通过尽可能多的方式和手段让客户接触到产品信息，只要客户有兴趣，持续关注，就进入第二个阶段。对于客户经营和服务是贴心周到无微不至的。根据客户的浏览和关注信息，精准进行产品和服务推送。客户的需求第一时间满足，客户的问题第一时间回答，打造完美的客户体验。在获取客户信任之后，完成交易。然后，继续跟踪客户反馈，当客户认同产品时，就会成为忠实的粉丝群体，不但自己会选用该产品，还会介绍给自己身边的朋友。这就是一个完整的微营销的客户链条。通过这种方式，微营销可谓如火如荼。正是因为丰富人性化和互动性强的特点，微营销才成为众多商家和个人追逐的对象。获取的粉丝越多，受关注程度越高，那么客户转化率才会更高。只要能够留住客户，微营销的目的就实现了。微营销成本低廉，回报高，能够通过虚拟的移动网络，在人与人之间建立信任和联系，能够实现商家和消费者的双赢。微营销是整合了各种营销手段的新型营销方式，可以获得精准客户，从产品研发、创意设计、品牌传播、产品促销、售后服务等多个方面形成高效的营销链，通过有效互动达到营销目的。

二、微营销是新零售时代店铺营销的新方法

微营销是一种新兴的营销模式，它以移动互联网为平台，并结合传统营销方式，借助微博、微信等应用和一些传统网络媒介，帮助企业建立、管理、强化和消费者的关系，达到营销的目的。其具体营销手段包括在微信群发红包、通过朋友圈和公众号做推广宣传、二维码营销等。

（一）在微信群实时发红包

众所周知，微信作为一个拥有数亿用户的社交平台，它本身就是企业进行推广营销最理想的媒介。那么，随着它增加了微信红包功能，企业显然又多了一个吸引消费者、调动消费者积极性的有力工具。

企业在粉丝微信群里实时发红包，操作简单易行，只要群主点击功能栏里的红包功能，写清楚红包总额和红包个数，就可以为群成员发红包了。这种发红包活动的特点是规模小，投入成本也不高，但是效果却很好。例如，企业可以以商品优惠券的形式发放一些小额红包，让群里的粉丝抢。有些粉丝也许只抢到了很小的红包，但他们依然会非常开心。而没有抢到红包的粉丝有可能会不甘心，从而去关注企业下次发放红包的时间。这种活动的优点是体现在增加粉丝的活跃度方面，它并不是利用红包金额的大小来吸引粉丝，而是重在让粉丝参与游戏，使他们从中体验到互动的乐趣。

另外，企业在微信群为粉丝发红包，还要注意以下两点。

1. 红包金额不必太大，但是次数一定要多

因为发红包活动主要是为了调动消费者的积极性，只要能为消费者带来一点小小的惊喜即可，所以金额不必太大，但次数一定要频繁。偶尔一次红包活动的意义不会太大，只有让消费者反复参与活动，才能使他们在不断获得乐趣的过程中增加对品牌的认知度和好感度，从而逐渐投入情感，最终成为品牌的忠实粉丝。

2. 多平台发放

企业要尽可能多地增加营销活动的覆盖面和影响力，除了发放微信红包外，还要把发红包活动应用到其他平台上，如淘宝、微博、支付宝、QQ等。在利用发放红包调动粉丝积极性方面，淘宝就为我们作出了表率。在每年的"双十一"期间，淘宝平台都会组织大量能使全民参与的红包活动，通过这些活动来掀起一股抢红包热潮。零售企业若能在这时顺应潮流，积极参加活动，往往就可以借助红包的力量，取得更好的营销效果。发红包是企业进行微营销的一个简单且有效的途径，企业应该结合自身情况善加利用，以达到增强消费者黏性的目的。

（二）实体微营销不限于微信朋友圈

对于线下的实体零售企业来说，利用微营销进行品牌推广，增加线上的流量入口，无疑是一个非常重要的手段。如今，企业常见的做法是在微信朋友圈里发送品牌信息，借助朋友圈的传播实现品牌的推广。其实，除了微信朋友圈之外，还有一个重要的平台也可以帮助企业进行微营销，那就是微信公众号。那么，如何利用微信公众号进行微营销呢？零售企业应把握住四大要点。

1. 尽量建立订阅号

零售企业在开设微信公众号时应该尽可能地建立订阅号，而非服务号。这主要是因为相对于服务号，订阅号能为企业提供更多的商业功能。例如，订阅号可以每天都为企业推送品牌信息；而服务号则只能每月推送四次，这显然无法满足企业吸引消费者、推广品牌的需求。

2. 发挥二维码的强大作用

在成功创建微信公众号以后，零售企业就可以在实体店内张贴公众号，做好内容分享。企业在成功吸引粉丝关注公众号后，接下来就要做好内容分享，以此留住粉丝，并吸引来更多的粉丝，从而增加企业的关注度。而要想做好内容分享，企业就要着重在文章内容上下功夫。企业需要发布一些针对消费者需求的二维码，并适时举办一些关于"扫码关注公众号，免费领取小礼品"的优惠活动，前来购物的消费者会通过扫描二维码成为企业公众号的粉丝。这样做一方面可以提高公众号的粉丝量，方便企业对他们进行维护并组织各种活动；另一方面还可以使粉丝自发为企业做宣传，增加实体店的人气。

3. 分享买家秀

微信公众号也可以作为企业分享买家秀的平台。与企业单方面的"自吹自擂"相比,买家的推荐对于消费者来讲显然更具有说服力和参考价值。企业可以在征得买家的同意后,将其购买产品的照片在微信公众号上发布,推送给粉丝。这样做既可以向消费者表明自己产品的受欢迎程度,又可以向他们展示自己优质而贴心的服务,使消费者心悦诚服,更加坚定他们购买产品的决心。

综上所述,微信公众号在帮助实体企业进行营销方面有着众多优点,可以使企业在线上充分地展示自己,打通线上流量入口,吸引大量线上粉丝关注,快速提升企业的知名度和销售业绩。

三、了解二维码营销技巧

随着智能手机的普及,二维码的运用领域越来越广泛,很多商家利用二维码营销进行企业宣传。那么使用二维码营销有哪些技巧呢?可以通过吸引用户、留住用户、增加用户的步骤来进行二维码营销。

(一)吸引用户

企业想要实现二维码营销的目的,首要任务就是吸引用户。

1. 带图形的二维码

如今的二维码并不只是黑白格的形式了,它还可以添加图片。企业把宣传物主题的核心元素与二维码搭配显示,可以营造出比较时尚的构图。

企业做二维码营销的时候,可以利用图形二维码放置产品图片,使二维码承载的不仅仅是文字,还富有创意地使用图片来完善企业的二维码信息。

2. 有创意的二维码

如今媒体传播环境日益丰富,年轻化的消费受众更是喜欢尝鲜,彩色二维码更能适应市场需求。更多的企业愿意用彩色的二维码作为产品的营销方式,并且缤纷的色彩能给人带来视觉的有力冲击,并给人留下深刻的印象。

彩色二维码的生成技术也并不复杂,而且备受年轻人的喜爱。除了彩色二维码的生成技术,当前还有不少"个性二维码"的生成工具,把一些个性图案与二维码进行合成,得到个性化并能被扫描设备识别的二维码。

随着二维码的发展，这种"个性二维码"已经在二维码营销中流行起来。

3. 品牌植入二维码

企业在进行二维码营销时可以将品牌植入二维码，做成了一个以生活为主题的情景画面。在二维码中放入大众生活场景的画面，极具创意，借此吸引顾客目光。

4. 结合产品的二维码

企业做二维码营销时，可以让产品信息与二维码外观相结合，给二维码加入其他元素，使二维码具有突出活动主题、扩大活动影响力的作用。

(二) 留住用户

顾客扫描二维码后，怎样让顾客持续消费产品呢？营销的原则之一就是给顾客带来利益和几乎完美的服务。下面从这两个角度介绍二维码微营销留住用户的技巧。

1. 给用户带来利益的二维码营销

如果企业的二维码只是一味地塞给顾客企业想传递的信息，而没有给予顾客需要的信息，那企业的二维码营销将举步维艰。所以，企业一定要考虑到给顾客带来利益的二维码营销创意。例如，某家咖啡店针对上班族习惯一边喝着香醇的咖啡一边阅读当天早报的生活方式，创意地运用二维码体积小、信息含量大的特点，在咖啡杯上印上可以提供早报的二维码，让顾客可以边喝咖啡边读早报，给顾客带来利益。

2. 提供售后服务的二维码营销

企业可以利用二维码营销给顾客提供良好的售后服务。企业只需在每件产品的售后服务卡上印有一个独一无二的二维码，顾客只要扫描二维码就可以随时随地地享受企业的售后服务。

3. 利用二维码的网站链接功能

企业在实行二维码营销的过程中，可以利用二维码的网站链接功能，在方便用户进入网页的同时，还能增加网站流量。

4. 调动用户积极性

企业想要应用二维码营销，就要利用二维码与用户互动，并且强化消费者购买产品的欲望，达到提高产品的成交转化率的最终目的。

企业可以利用二维码互动营销平台，将官方二维码印刷在多种载体上，用户通过手机扫描二维码，可快速浏览企业的活动信息、获取优惠券、参与抽奖等。

5. 及时追踪二维码营销效益

引导消费者扫描二维码后，可以评估二维码的营销效益。营销者可以通过分析以下三个方面，掌握二维码营销效果，为进一步开展二维码营销提供参考依据。

（1）二维码扫描跳转后，消费者在活动页面停留的时间才是营销活动成功与否的主要指标，毕竟二维码只是一个辅助工具。

（2）如果消费者扫描后在跳转页面中停留的时间极短，甚至没看清楚这个页面到底是做什么的，那么只能说，这个二维码非常吸引人，但活动是失败的。

（3）若二维码扫描量过低，就该反省中间的细节。

6. 增加用户

企业成功吸引顾客后，应该利用二维码营销来想办法增加用户。二维码营销增加用户的技巧如下。

（1）链接页面的设计。消费者通过智能手机扫描二维码后可以链接到网页。一是尽量使用较短的网址。一般使用的网址，经过处理后变成短网址，则二维码上的黑白点颗粒会变大，其判读速度快，而没有经过处理的网址，二维码上的黑白点颗粒会比较密集，判读速度较慢。二是网页的内容要精简干净。由于手机屏幕的限制，网页的信息最好限定在一页，尽量不要让消费者往下拖拽才能看完整的信息。三是链接网页不要放 Flash 元素。Flash 不一定能够体现出更多具有价值的信息，一些系统不支持 Flash 格式文件，如果二维码链接过去的网页有 Flash 元素的话，则那些消费人群无法看到产品和活动。

（2）增加二维码的清晰度。二维码营销能否成功，取决于二维码能否成功被扫描。用户扫描二维码时除了尺寸限制外，还包含"清晰度"的问题。一是企业不能使用自己的 LCD 屏幕来测试影片二维码，因为电视信号传播到消费者的家里后会有衰减，都会变得模糊一些，这对于二维码扫描成功率有很大影响。二是如果二维码图形没有调整成适合放在户外广告的尺寸，而直接放置在户外广告上，消费者可能根本扫不出来。三是让用户深入体验广告。大部分企业在做网络营销的时候，二维码广告仍然只是做了一个官网或者优惠活动的链接入口，对于用户来说，这种二维码根本没有设计可言。企业应该想出一些新奇的方式，把二维码展现到用户的面前，即使二维码内容单一，但是展现的方式有趣、有创意，那么也会引起用户注意，勾起用户扫描的欲望，那么这样的二维码营销就算是成功了一半。

第四节　社群营销

一、社群应用与建立关系

（一）社群关系的建立

1. 社群媒体的定义与介绍

目前，社群媒体正在兴起，人人都在使用。但许多企业主可能对社群营销并不了解，不了解社群营销对于企业来说有什么真正的优势，而只是看到大家都在做，也就跟着做。

对于企业来说，社群营销的确是必需的，但到底什么是社群营销？为什么一定要做社群营销？社群营销能为企业带来什么好处？只有搞懂这些，你才能够开启拟定社群营销策略的第一里路。

社群可以是指一群人，也可以是指一群人聚集的地方，并不是单指某一特定渠道。只要是有人群聚集的平台都称为"社群"，近年来的网红直播包括淘宝直播、抖音等相关小视频，主要都是想通过这些媒体进一步达到与消费者之间的互动。

什么是社群营销？维基百科对社群营销是这样定义：社群媒体营销是个人或群体通过群聚网友的网络服务，来与目标顾客群创造长期沟通渠道的社会化过程。社群网络营销英文翻译是 Social Media Marketing。

简单来说，在所有有人群聚集的网络平台、通路上营销，都可以称为"社群营销"。社群营销的定义也不只是导购，很有可能是相关议题探讨，或是利用近期的热门话题延伸。因此，社群营销和内容营销有着不可分割的关系，社群营销是将内容散布出去，用更新鲜、更专业的方式包装内容，将内容营销的效益最大化。

2. 社群营销目的与优势

（1）信息的曝光。不管是长期信息还是短期优惠消息，都能利用社群渠道发散出去。

（2）客户关系管理。当产品出了问题，或者客户有任何疑难杂症，客户第一个想到的就是通过社群媒体反馈。在社群媒体上和客户的互动也是非常重要的，是和客户保持良好关系的途径。

（3）口碑营销引导。也可以说是大众议题操作，在社群操作中，用户可能是帮助你进行营销的一员，他们在社群媒体上的评价、留言、反馈，利用社群媒体一传十、十传百，这是口碑营销的一环。

（4）建立品牌形象。利用社群媒体发布品牌策略的相关内容，引人入胜，久而久之也就在用户脑海里建立起特定形象。

（5）直接导购。在社群媒体上导购必须要有包装形式，才不会因为信息的狂轰滥炸造成用户反感（依照产业类别不同，可能有不同情况）。

（6）掌握潜在受众轮廓。这一点是社群营销相对重要的一环，在其他渠道也是。要做营销，首先就必须了解客户到底是谁，他们的年龄、所在地，才能有办法投放潜在客户有兴趣的内容，使其得到相对效应。

（7）引爆集客力。在以内容为王的集客式营销中，社群媒体扮演着非常重要的角色，因为好的内容必须要得到足够的曝光，才有办法吸引受众主动进入网站、了解品牌，进而购买。

（8）流量导引。流量对于电商或自建网站的企业来说非常重要，足够的流量能够提升 SEO 排名，让更多好的内容被看见。因此，在社群中植入网站内容，能够达到流量导引的目的。

社群营销又称"社会媒体营销"，指企业为了达到营销的目的，在社群网络服务媒体上创造特定的信息或内容来吸引消费大众的注意，引起在线民众的讨论，并鼓励读者通过其个人的社会网络去传播散布这些营销内容，进而提升客户关系与满意度的营销策略。

3. 公域社交和私域社交的差异性

公域社交覆盖公域流量，私域社交覆盖私域流量。而所谓公域社交平台的商业化，不管是广告还是分成，本质上都是电视节目的采买，你就是个内容制作方，与社交关系不大，与流量关系很大。

公域社交平台也在试图建立一个私域付费的途径，比如打赏，似乎觉得你看了文章有好处打赏就可以了，但这个逻辑现在还是行不通，打赏的逻辑本质还是内容的采买而非社交，比如你卖力直播，就会有很多打赏。但愿意付费加入会员的人，并不觉得赞赏一下文章足够表达感谢从这篇文章中的收获。最终你会发现，打赏高的文章，多半也是表演性质或者销售信息性质，很难从中找到社交的价值。比如对股票分析文章的打赏，与写一篇行业分析或者趋势分析是完全不同的量级。那些打赏内容的人，却未必愿意花 2000 元加入社群与作者建立一个社交关系。

其实，微信真正厉害的不是关系链，而是占据了你的社交圈子，就好像头条占据了大家的阅读时间一样，5000 个好友已经让我们无力去创造新社交了。所有的私域社交都会落地在微信，所有的公域社交都会落地在微博，新产品抢流量是有可能的，重建社交生态是不可能的。因此，想挑战流量的产品，包括头条、抖音、百度 App、快手等，甚至淘宝直播，其实都可以算是成功的。但想挑战社交关系的，比如子弹短信之类的 App，最终都会失败。这里需要强调的是钉钉，其实还是工具属性大于社交属性，在后续的传播中也在改变。而脉脉号称"职场社交"，但其本质还是职场消息内容的贩卖者，真想在上面交流，还是会问微信号加好友。

其实公域入侵私域是一个趋势，因为我们微信加了很多可能没见过的人，1 亿人的朋友圈设置三天可见甚至很多人关闭朋友圈，本质原因就在于，他们在封闭自己的私域，让公域的社交好友不要过度进入自己的生活。这种做法从隐私角度考虑无可厚非，从职场或者商业角度考虑其实是一种损害。微信创始人张小龙也表示，朋友圈是你的广告平台，你要好好经营。在朋友圈打造人设其实也是一个非常重要的职场技能。

而对于微商来说，他们要做的事情其实就是把公域社交带来的公域流量引入私域社交变成私域流量。很多媒体或者公关其实做的也是一种微商行为，只不过贩卖的是自己的企业品牌和信息。就好像头条的人和腾讯的人公关战，宁可选择在微信朋友圈隔空互喷，也不会选择去抖音录个视频。这其实也是私域内容和社交去影响公域的一个反作用。

微博和微信的公域和私域社交地位不可动摇，如果你想通过社交进行变现，大概的路径是公域流量→公域社交→私域社交→私域流量→变现

（销售或服务）。其他就是一些提醒和注意，比如减少公域流量的变现，以免损伤人设和形象之类。

（二）社会资本理论

1. 社会资本理论对新零售发展的影响

对于消费者与卖方来说，社会资本理论是个重要的理论概念。消费者在线购物与交易都需要通过社会资本理论来应用。20世纪70年代以来，经济学、社会学、行为组织理论以及政治学等多个学科不约而同地开始关注一个概念——社会资本。所谓社会资本，一般是指个人在一种组织结构中，利用自己特殊位置而获取利益的能力。如个人的亲戚、朋友、同学、老乡等关系，一个人能从这些关系中获取的利益越高，那么他的社会资本就越高。

到了20世纪90年代，社会资本理论逐渐成为学界关注的前沿和焦点问题，社会学、政治学等从学科的角度对社会资本进行了研究，用来解释经济增长和社会发展。社会资本甚至被西方国家的决策圈看成解决社会矛盾的新思路，即所谓的"第三条道路"。国内学者也对社会资本理论做了深入研究，虽然社会资本理论有强大的解释力，但是也有其局限和困境。

社会资本理论是社会学学科理论和方法趋向的综合反映，也是方法论的实体论向关系论转变的集中体现。社会资本应用在社群网络中，主要是通过人与人之间的网络关系，尤其是在网络发达的今日，人与人之间的连接和交易购物靠的是社群媒体间的传播与口碑传播。通过这样的一连串关系，可以间接地达成社群之间的网络扩散效应。在社会资本理论的交易过程中，买家与卖家可以建立双方的长期关系。

社会资本理论主要是在讨论买方与卖方之间的关系，需要买方与卖方建立长期的信任关系。通过双方在社群上的互动与体验，让消费者产生购物欲望。新零售在线营销的过程中，一些小程序可以用来建立与消费者之间的关系，包括微信社群、微博社群等社群媒体。有些研究显示，消费者主要是靠这些社群媒体的推广、品牌口碑来传播与互动，这样可以建立起买卖双方之间的关系，最终的目的在于让消费者持续关注议题并购买商品。

2. 网络营销下的社会资本理论

网络对于现在的消费者来说已经成为生活的一部分，不管是在工作还是在消费，我们都会在网络上看到一堆信息与商品服务。这对于客户端来说是个很重要的接触信息来源的方式。网络营销主要就是通过营销人员的创意、商品以及一连串的服务提供给未来的消费者，借助高科技网络、广告促销、客户服务等相关的活动方式来促成交易。

网络营销在社群平台上可以不断扩散与转发分享，就像许多社群商务平台上的小游戏，结合了现实和虚拟的方式，让整个社群玩家可以一起分享交流。

二、品牌口碑传播

互联网的出现，使顾客可以通过浏览网页收集其他消费者所提供的产品信息与主题讨论，顾客也可以针对特定主题进行自身经验、意见与相关知识的分享，形成所谓的电子口碑，又称为网络口碑。

网络口碑动机是消费者在接触产品或服务后，因满意或不满意的经验或评价，产生向他人散播正面、负面口碑的行为。换言之，当消费者有满意的产品或服务接触时，可能会进行正面的网络口碑传播行为；反之，当消费者有不满意的产品或服务接触时，可能会进行负面口碑传播行为。随着互联网的普及与科技进步，口碑对消费者购物行为的影响与日俱增，消费模式发生转变，消费者从冲动式购物，转变为购物前倾向于在网络上探索口碑，避免自己买到不符需求的产品。

网络世界中信息交流依赖多样化的传播渠道，而各种渠道各有不同的便利程度。另外，可将渠道区分为主动搜寻与被动搜寻。网络口碑传播主要是通过电子邮件、新闻组、在线论坛、产业入口网站讨论区、电子布告栏、网络游戏系统（MUD）、聊天室等形式进行信息散布。此种网络沟通方式具有多对多、便利性、不受时空限制、匿名等特性。而在社群网站兴起后，社群口碑引人关注，并顺应发展出社群营销与社群聆听概念。社群主要可以让在线的买家与卖家直接沟通，或者消费者可以在讨论区了解该产品的功能与特色。

目前网络口碑的研究方向分为三类：网络口碑的传播行为；网络口碑的搜寻行为；网络口碑如何改变购买决策。

目前，我国有一个年轻消费者族群，喜欢用小红书来讨论产品与宣传。企业可以直接与年轻族群互动并建立起自己的品牌。小红书平台除了销售商品外，最重要的是结合了生活中的点点滴滴，可以让消费者与商家成为好朋友。

三、网络广告推广

（一）推广适合的消费群体

商品在平台上销售，最主要是吸引消费者的目光。平台上有一堆的商品，有时候消费者也不知道要选择怎样的商品。有种方式叫作广告，但是怎样推广对于商家的产品是有效果的呢？到底是要用付费的方式，还是不要用付费的方式来推广呢？这大大地考验着商家的智慧。

网络广告主要是通过互联网方式来推广产品给消费者，具有互动性，以此了解消费者的需求，进一步让消费者不断在平台上持续购买。PChome主打消费性电子产品与民生用品，而飞猪网主打订机票、订酒店等。两者之间的差异性决定了它们的广告也不尽相同。这种网络广告可以连接到全世界，这也是网络广告与传统报纸杂志广告的不同之处。

（二）横幅广告

横幅广告算是早期网站广告呈现的形式之一，通常是矩形图片，会出现在网页的任何地方。当你点击横幅广告之后就会跳转到该广告服务商，借由链接将流量导入目标网站。

点入这个页面，就是横幅广告的提供商，不管你最后有没有买，已经达到这个横幅广告的目的。

近年来，网站营销越来越重视横幅广告的运用，可以增加产品和品牌的曝光度，尤其是拥有高流量的主网站，当消费者在浏览它们的页面时，记得好好运用横幅广告将它们带到你的网站。

（三）弹出式广告

弹出式广告主要是一种小面积的广告方式，我们时常在网页上看到有小小的弹出式广告，有时候还会与现在最热门的社群网站做链接。最常见的格式有JPEG、GIF、Flash等。但是，弹出式广告有时候也会造成消费者的反感，商家在使用这种广告过程中，要防止消费者对产品产生不好的印象。

（四）电子邮件和电子报营销广告方式

现在大多数人有电子邮箱，邮箱中有许多夹带广告的邮件。有时候商家会通过电子邮件营销的方式给消费者传递产品的特色与功能，有时候通过邮件旁的广告牌来吸引消费者点击。不管是怎样的方式，目的是要让消费者查看商品并购买，千万不要让自家广告在网络营销中成为垃圾信息被丢弃，最终损坏公司形象。

（五）整合性营销

实体商店的广告与虚拟平台的广告结合，这属于最新的广告模式。我们常常在手机上通过 App 点击链接转到一些实体商店所推广的商品活动页面，在线与线下新零售广告模式的整合，可以快速反映现在消费者市场的需求。新零售也开始做整合性营销，通过在线与线下的广告模式来推广，最终的目的在于创造新零售的营销方式，让消费者可以在线看到广告，到实体店面来购买。尤其是电器或者手机等产品，大多数消费者会用这样的方式来购买与体验。许多商场喜欢通过实体店面推广商品，并把消费者引至在线下单与购买，这对于买家与卖家都是个新的尝试。

第五章

高质量发展背景下新零售模式的运营

第一节　基于信息化的零售运营

一、业态创新：明确企业的经营定位

针对各个消费群体的需求，零售企业要通过调整内部要素的组成方式，建立相应的经营形态，这就是零售业态。消费需求的变化、新兴技术的快速发展、市场竞争格局的改变等都促进了新型零售业态的诞生。自20世纪90年代以来，国内零售业的发展速度不断加快，新型零售业态不断代替传统零售业态出现在市场上。现阶段，国内消费市场已经出现了明显的层级划分，在这种情况下，零售企业应该及时改变零售业态，对应消费群体的需求，在经营过程中体现自身的独有特色。

零售业态具有多样化的特征，既包括以百货商店、杂货店为代表的传统零售业态，也包括以便利店、专卖店、网络商店、超级市场、折扣店等为代表的新兴零售业态。不同的零售业态的特征是不同的，具体情况如下：一是像购物中心、百货公司这一类的零售业态，商品种类比较齐全，能够满足消费者的一站式购物需求。二是像服装店、母婴店这一类的零售业态，重在体现其专业性，主营某一类商品。三是像会员店、超市这一类的零售业态，主要特点是商品价格低廉，主营消费频次高、需求量大的产品。四是像网络商店、便利店、自动售货机这一类的零售业态，主要是给消费者提供便利，其店铺面积通常比较有限，商品品类也不多，但能够满足消费者的日常生活所需，为其提供即时性消费服务。

在明确自身发展方向的基础上，零售企业接下来要做的就是确立其经营形态，经营者要决定要不要对现有的业态进行改革。

国内零售行业的业态种类多达18种，企业究竟该选择哪一种呢？美国哈佛商学院零售专家麦克尔教授提出的"零售轮转理论"表明，零售组织变革的发展具有周期性，不同的业态呈现出不同的特点，对企业而言，最

重要的是对零售业态的特点进行把握，明确自身的定位。

现阶段，随着我国社会经济的发展，人们的消费层级逐步提高，相较于提供低廉商品的百货商店，部分消费者更倾向于选择销售精品的超市。由此可见，在进行零售业态选择的过程中，企业要对当前的环境、具体条件进行全面分析。无论是什么类型的企业，都处在特定的环境中，拥有自己的市场定位，企业在实施业态改革时要重点考虑自身的经营与发展特点，根据市场需求选择合适的经营形态。

二、技术创新：提升消费者的购物体验

零售企业通过技术创新，能够进一步开拓自己的市场。在互联网时代，信息技术创新在企业的发展过程中发挥着越来越重要的作用。传统时代，零售行业主要通过实施高效的进货渠道管理获得优势，现如今，企业则通过优化品类管理提高自身的竞争实力。

未来，零售企业将更加注重会员管理，围绕会员的需求开展自身运营。在具体实施过程中，运营者需要对会员信息进行获取、分析、处理、存储。随着时代的发展与进步，网络信息技术正在对零售企业的发展产生越来越重要的影响。从零售业本身的特性来看，企业依托信息技术进行创新集中在以下三大方向。

（一）建立面向供应商开放的数据库

很多实力型零售企业都拥有完善的物流和配送系统，典型代表为沃尔玛，该企业采用单品管理方式，运用先进的识别技术，及时获取旗下门店单品的销售情况及其变化。然后，沃尔玛将数据分析结果发送给供应商，方便供应商知晓其商品的市场销售、状态，据此完善自身运营。

比如，沃尔玛与宝洁公司联手，在实现信息共享的基础上，将商品流转周期缩短一半，通过运营数据平台，帮助宝洁公司降低了成本消耗。如此一来，两者之间就不再是简单的利润分配关系，而是能够加速整个供应链的运转，拓宽双方的利润空间的关系。

（二）物联网的建立与射频识别技术的发展应用

随着射频识别技术（RFID）、定位技术、产品电子代码（EPC）等先进技术的发展，加上互联网技术的普遍应用，物联网诞生并迅速在市场上崛起。物联网的应用，能够让企业实现对商品的全面管理，包括进行商品识别、商品追踪、商品信息查询等,能够促进物流与信息流之间的连接,改变传统的商品生产、物流配送、营销环节。

通过应用射频识别技术,零售企业能够加速整体的运转。具体而言,在进货环节,当卡车驶入仓库,企业通过查看与射频识别技术配套使用的阅读器,就能对货车中的货物种类、总体数量等一清二楚。在销售环节,射频识别技术的应用,能够免去消费者排队等待结账的时间,收银员只需用识别工具对准包装上的电子标签,就能识别价格,并自动计算总体金额,提高结算效率。

数据研究结果表明,通过使用射频识别技术,沃尔玛降低了供货短缺现象出现的概率。另外,传统模式下企业主要运用条码识别技术进行补货,如果在这个环节运用射频识别技术则能提高企业的补货效率。射频识别技术的应用还能降低零售企业的货物损耗率。

另外,很多零售企业在经营过程中都存在商品盗窃的问题,射频技术的应用能够帮助企业解决这个问题,减少零售企业承担的风险。数据调查结果显示,采用射频识别技术,能够将零售企业的失窃和存货率降低四成。

(三)用射频识别技术采集购物者的行为信息

零售企业要想全面了解消费者需求,据此完善店内的布局,优化商品陈列方式,拓展自身的利润空间,就应该对消费者进店之后的商品选择、消费行为等信息进行收集,并对相关数据进行分析与处理。

以往,企业主要采用条码技术获取出售商品的相关数据,具体如商品价格、是否参与优惠活动等,但这种技术不能统计消费者的行为数据。路径跟踪者(PathTracker)技术(研发机构为美国索伦森公司)能够将消费者进店后的移动路径与其消费行为结合到一起,在向消费者显示店内的格局分布、货架陈列、商品摆放及通道设置情况的同时,将消费者的行为信息提供给零售商与供应商。

如此一来,消费者来店进行重复消费时,经营者就能够获知消费者的相关信息,包括消费者光顾次数、所购商品、曾在哪些货架前停留、未曾到过哪些货架等,据此为其当下的消费提供参考,增进与消费者之间的沟通互动关系,满足其个性化需求。由此可见,使用射频识别技术能够提升消费者的购物体验,帮助企业更好地对接他们的需求。

三、组织创新——变革传统的组织模式

在零售企业的发展过程中，其组织结构能够作用于企业的战略实施效果，企业要想更好地适应市场需求，优化对员工的管理，就要不断完善自身的组织结构。现阶段，国内多数零售企业采用的是简单结构、职能结构或是梅热结构，还有些企业对这三种结构作了延伸。为了在竞争中占据优势地位，企业应积极优化自身的组织结构，通过实施统一的管理模式、改革传统的等级制度、业务外包等方式加速自身运转。

（一）实施统一的管理模式

当零售企业的市场范围不断扩大时，企业就需要依托完善的信息系统对自身运营实施统一管理，汇集各个地区的市场运营数据，由企业总部决定公司未来的发展方向，强化对各地区分店的管理。

这种方式能够降低企业的总体成本，让企业在与供应商谈判的过程中掌握更多话语权，形成规模优势，更好地适应市场变化。

（二）改革传统的等级制度

在信息技术高速发展及普遍应用的今天，企业要通过调整原有的组织结构，更好地应对市场变化，提高组织结构的灵活性与信息传达的效率，通过改革传统等级制度，不断完善其组织体系。从企业发展的角度来说，用新型组织结构代替传统模式下等级森严的组织互动，使企业及时了解市场变化及竞争对手的发展情况。

（三）业务外包

现如今，不少零售企业与专业公司开展合作，把自身的商品标签管理、店面维护、信息系统运营及物流配送业务交由专业公司来承担，后者会利用先进的技术手段为零售企业提供优质的服务。零售企业则通过这种方式实现对自身的成本控制。

（四）选址布点创新

重复的业态建设、无序的商业布局，会导致零售企业在发展过程中面临更加激烈的市场竞争。在这些方面，尽管发达国家的商业布局并不分散，但处于同一个商业区中的零售业态之间存在明显的差异，不会出现相同业态毗邻的现象。

立足于宏观层面来分析，国内零售领域存在城市发展缺乏管制的问

题，不少城市的重复建设问题比较突出。因此，在选址过程中，要综合考虑企业的市场定位、当地的消费水平及其他因素，提高零售业态布局的稳定性。

另外，有些地区的零售行业已经面临激烈的市场竞争，开发空间小，这时，零售企业不妨在未得到充分开发的地区和市场开展经营，比如，在二三线城市及农村地区开拓市场。在这个过程中，政府应该发挥引导作用，对零售行业的整体布局进行调整优化。

（五）品牌策略创新

企业要想获得持续性的发展，就要建立自己的品牌形象并注重后期的运营。在这方面，虽然我国零售企业的发展还不成熟，但是独立的品牌开发能够拓展零售企业的利润空间。在具体实施过程中，企业可以采用企业形象识别（CI）、顾客满意战略（CS）等进行品牌开发，并通过良好的运营提高品牌的市场接受度。

零售企业可以自己设定商品的款式、功能、价格等，独立或者与其他企业合作完成商品生产，在产品包装上印制自己的商标，在自己的商店里开展商品运营。通过发展自有品牌，零售企业不仅能降低成本，还能突出自身产品的独特优势，在运营过程中根据消费者的需求不断优化产品，提高产品的附加值。

四、信息化重构——优化企业运营系统

近年来，某些连锁零售企业、B2B 企业正在想方设法对企业原有的信息系统进行改造、重构。

目前，大部分零售企业的信息系统都是以商品为中心构建起来的，没有顾客管理模块。而现在，零售企业的经营理念正在从以商品为中心向以顾客管理为中心转移，原有的信息系统已经无法满足零售企业的顾客管理需求。虽然部分零售企业在自己的信息系统中增加了会员管理单元，但是会员管理与顾客管理不同，无法为顾客数据化提供有效支持，顾客数据化画像、零售店铺的数据化管理都难以实现。尤其是与互联网电商相比较，实体零售企业这种信息系统缺陷表现得更为明显。

企业现有的信息系统是以商品管理、品类管理为中心构建起来的，无法为实体零售企业的场景化变革与调整提供有效支持。当然，现如今所有信息系统都无法为零售企业的场景化调整提供支持，很多零售品牌的场景变革、场景化创新的主力依然是人。

零售企业的 ERP 系统是静态的数据系统，无法支持动态化的数据。虽然有些企业做了插件，增添了线上订单模块，但仍然无法提供动态化的数据，不能为全渠道模式的运行提供有效支持。在现实经营过程中，某些小型零售店经常遇到这种问题：早已下单的商品在第二天被通知没有货，这就是零售企业的信息系统不支持动态化数据的切实表现。

企业现有的信息系统是简单的数据统计系统，不具备机器学习、算法支持、智能推送等功能，比如向消费者推送订单；向采购人员推送商品、促销信息，物流组合，配送排线等。

20 年前，在零售企业大力推行连锁运营阶段，为现有的信息系统做出了巨大贡献；现如今，在零售企业朝新零售发展的阶段，企业的现有信息系统产生了阻碍。零售企业要想成功变革，就必须先构建一套新的信息化系统。

20 年前，零售企业以商品的进销存为主线确立了信息技术架构，按照连锁经营的组织模式解决了采购管理、存货管理、商品管理、促销管理等环节的效率问题，将商品数据与财务核算、仓储连接在了一起。对于整个过程来说，商品效率是核心。尤其是当时，零售企业深受市场环境、零售形式与信息技术的影响，构建起来的信息技术架构带着浓厚的时代特色。

当时，整个零售市场环境正在从商品主权时代朝渠道主权时代迈进，商品、品牌的市场影响力较强，渠道的话语权也在不断增强。零售企业在那个时期构建起来的信息系统完全以商品、企业为中心。那个时期的零售形式是线下模式，所以企业的信息系统构建的是到店销售的单一模式，业务体系完全是以到店模式为核心构建起来的。

零售企业的连锁化经营基本是逐步实现的，其零售技术也在不断优化、进步。随着企业不断发展及品类管理技术、货架管理技术、门店管理技术、物流配送技术不断引入，即便系统不断优化，系统模块之间也难免出现不协调问题。

20 年前，受当时通信技术、智能技术的限制，零售企业的信息系统设计的是静态数据结构，无法对数据变化进行实时追踪。企业的数据逻辑只能将企业的数据关系简单反映出来，无法为企业的智能化服务需求提供有效的解决方案，甚至很多分析、管理工作的开展还需要导入系统之外的电子表格。总而言之，现如今，零售企业急需构建一个全新的信息系统。

第二节　搭建智能化的购物体验

一、智慧场景——打造沉浸式购物体验

新零售是社会各界关注的一个焦点，在新零售模式中，线上线下从对立走向统一，共同为消费者创造价值。新零售概念的提出，很容易让人认为传统电商的瓶颈是催生新零售的关键所在，但事实并非如此，探究新零售的本质，我们发现消费升级才是新零售产生的核心驱动力。

用户主导的新消费时代，消费端变化会促使企业界发生重大变化，而消费升级是不争的事实，尤其是逐渐成为新一代消费主体的"80后"及"90后"甚至"00后"对个性、品质生活的追求与向往，为新零售的出现及发展提供了巨大助力。

在新零售概念中，除了线上和线下结合外，新零售的落地要有现代物流的参与，现代物流在追求效率的同时，更能帮助零售企业去库存。新零售不仅要求零售企业实现对传统零售的数据化、网络化及智慧化，更要求零售企业以用户为导向，对经营模式进行创新，以用户本位的经营用户取代企业本位的经营商品。

多年以前，就有很多国际零售巨头引入 CRM、ERP 等系统进行供应链管理及客户交易管理，近几年，"互联网+"在实体零售业不断渗透，有相当多的传统零售商通过入驻电商平台、开发线上商城及移动购物 App 等方式布局线上，但这更像是拓宽渠道，而非新零售。新零售要实现的是线上线下的深度融合，远不是将线下商品转移到线上这么简单。

对新零售而言，智慧场景的打造尤为关键，只有打造出真正的智慧场景，才能充分满足消费升级背景下的个性与品质消费需求。

何为智慧场景？在介绍其具体概念前，我们不妨先了解场景消费及其对零售企业的价值。场景消费是利用感官刺激和人们想象中的场景一致，来迎合消费者感受整个场景氛围的心理需求。在物资匮乏的传统工业时代，人们更多是为了满足生存需要而购物消费，尤其注重产品性价比。而"80后""90后"甚至"00后"这一新消费主体，更加注重服务价值和体验价值，人、物、环境所组成的场景对刺激其购物具有十分积极的效果。

他们不仅是买商品，而且是在体验与商品关联的各种场景。消费升级背景下，传统场景很难打动新一代消费者，融入新技术、新设备的智慧型场景，才能更好地让消费者产生情感共鸣，并对其消费决策施加影响。

从这一角度来看，智慧场景是通过物联网、大数据、人工智能等智慧科技对传统场景进行改造升级，从而使消费者产生沉浸式体验，是更具冲击力、能够和消费者进行智能互动的场景。智慧场景能够有效满足消费者在情感与精神体验方面的要求。

新零售是为了满足升级的消费需求而出现的，它不仅能提供产品，还可以满足消费者的个性、体验等需求。阿里巴巴、京东、亚马逊等电商巨头纷纷发力新零售，是因为传统电商已经无法迎合不断升级的消费需求，需要借助线下的力量。

场景是零售的关键一环，缺乏场景提供的有力支持，零售企业很难从同质竞争与价格战的泥潭中挣脱出来。但有了场景并不代表着零售企业可以完成营销转化，享受到智能手机、智能家居等智能产品带来的极大便利的人们，对购物场景体验的要求也提升到了新的高度，这种情况下，打造智慧场景就成为零售企业发力新零售的关键所在。

二、场景化运营——思维、技术与实践

转型新零售过程中，传统电商企业因为缺乏场景支持，想要打造智慧场景确实存在较大阻力，而传统实体零售企业虽然有场景资源，但想要将智慧科技融入场景之中，给用户创造各种智慧场景体验也并非简单的事情。因此，传统实体零售企业想要在新零售风口中抢占先机，必须从思维、技术、实践三个层面上着手。

（一）思维层面

现阶段，各行各业似乎都在进行转型升级，借鉴对变革尤为敏感的互联网企业的发展模式，受到了很多传统企业的青睐，尤其是互联网企业以用户为中心的服务理念更是成为很多传统企业转型的目标。

全在线、自助、社交化的解决方案，确保运营商客户能够真正做到以用户为中心。所以，传统实体零售企业想要发力新零售，需要转变思维模式，精准对接用户需求，专注于为用户创造价值。

（二）技术层面

技术是打造智慧场景的核心所在，智慧场景需要大数据、物联网、人工智能等前沿技术提供支持，这对传统实体零售企业的技术实力有较高的挑战。其中，大数据技术通过对海量数据收集、分析、应用，为企业的运营管理提供支持，帮助企业确定更为科学合理的战略决策。物联网则实现了人、服务、场景之间的无缝对接，促进消费者和商家之间的交流互动，达成更高的营销转化。人工智能则是应用深度学习、机器模仿、自然语言处理等功能，帮助企业实现自动化、智能化、智慧化的管理业务流程，大幅度提升企业运营效率。

当然，在合作、共享的移动互联网时代，缺乏技术积累的零售企业也可以通过专业的第三方服务商来获取这些技术，降低成本的同时，将更多的时间与精力集中到零售领域。

（三）实践层面

新零售不能仅有思维模式与智慧科技，更需要在实践中进行检验，新兴业态走向成熟需要大量的创业者及企业长期试错。飞凡商业联盟企业成员的做法尤其值得国内零售企业借鉴，飞凡商业联盟企业成员举行了一系列的大型集体联动营销活动，在各种传统节日及电商促销节日期间，吸引了大量消费者去周边购物中心体验智慧购物。

尤其是"双十一"期间，阿里巴巴仿照当时全球范围内异常火热的AR（增强现实）游戏《精灵宝可梦Go》推出了互动游戏《AR寻宝》，让广大消费者享受到了极致的感官体验。"双十一""双十二"等电商促销活动已经连续举办了许多年，每年商家都会投入大量的资源来吸引消费者"买、买、买"，但近两年因为视听觉疲劳，电商增速下滑，想要解决这一问题，必须补齐线下短板。

无论是传统电商，还是传统实体零售企业，在转型新零售的路上还有很长的一段路要走，前者有智慧无场景，后者有场景无智慧，谁能率先做好智慧场景的打造及运营，谁就将在新零售风口抢占先机。仍在沿用传统思维模式的纯电商企业很难长期生存，具备丰富的场景资源且积极补足智慧科技短板的实体零售企业，才会享受到新零售风口所带来的巨大红利，有望实现弯道超车。

三、线下实体零售企业的场景化布局

智慧场景对新零售具有如此之高的价值，吸引了大量传统实体零售企业在智慧场景的打造及运营方面投入海量资源。电商巨头也纷纷抢占线下渠道，而那些错失电商发展机遇的传统实体零售巨头开始认识到了新零售所带来的重大发展机遇，积极进行转型升级，布局智慧场景。

传统电商确实在智慧方面取得了良好成果，人们的购物消费变得十分方便快捷，但场景体验欠缺，互联网的虚拟性给电商用户的场景体验带来了一定的阻碍。这种情况下，传统电商企业为了吸引目标用户购买，大打价格战，各类促销活动层出不穷，同时积极"造节"，"6·18""双十一""双十二"就是典型代表。

近两年，阿里巴巴、京东等电商巨头开始利用自身的技术优势，想要改造电商购物场景，但因为入驻商家数量庞大、改造成本高昂等因素，实际效果并不理想，距离满足新零售要求的智慧场景存在较大差距。

传统实体零售企业具备丰富的线下实体资源，在智慧场景打造方面具有一定的先天优势，如果可以将大数据、云计算、人工智能等智慧科技应用到现有场景中，企业可能会在新零售风口中抢占先机，实现弯道超车。

部分传统实体零售企业在探索新零售转型方面初步取得了颇为良好的成果，比如，五洲国际、万达商业等现代购物中心，融合了娱乐、餐饮、购物、观影等多种业态，创造了丰富多元的消费场景，并且利用飞凡等场景服务运营商提供的优质服务，对传统场景进行智慧化改造升级，打造出了智慧停车、智慧购物、智慧餐饮、智慧观影等智慧化场景，给消费者提供了前所未有的体验，让广大消费者的个性、品质消费需求得到充分满足。

以飞凡商业联盟成员企业在"6·18"期间，联合开展的智慧场景消费体验活动为例，用户打开飞凡App后，可以获得周边的百货商超或购物中心的位置信息，还可获取各大品牌商提供的优惠券、代金券等。消费者根据自身的需求选择并前往购物中心后，可以使用 App 提供的室内导航功能快速找到相应门店，购买符合自身个性化需求的优质商品。

消费者完成购物后，还可以点击 App 上的"摇一摇"参与抽奖活动，同时，可以随时享受 Wi-Fi（无线上网）、智慧停车、智慧观影、智慧餐饮等各种体验，缓解日常生活与工作中遇到的压力。

四、案例实践——苏宁门店场景化变革

近几年，作为国内传统零售企业成功转型的典范之一的苏宁，其"互联网+零售"模式探索持续深入，借助苏宁易购品牌，苏宁对其旗下的零售品牌进行线上线下一体化运营，苏宁易购云店等旗下的各类线下门店均已纳入苏宁易购体系。

（一）苏宁易购落地，四大功能与用户交互

苏宁易购云店作为苏宁易购 O2O 布局的重要一环，发挥着连接用户、服务周边社区用户、支持 O2O 业态的作用，苏宁易购云店具有协同销售、体验、服务、本地化营销四大功能，是苏宁布局互联网零售的关键所在，和此前的普通门店相比，苏宁易购云店不但销售商品，还销售服务、体验及生活方式。事实上，在新零售风口来临之际，对传统门店进行改造升级的零售企业不计其数，但鲜有类似苏宁这般进行颠覆性革新的企业。

在苏宁公布的战略规划中，苏宁易购云店的电器经营面积将缩小至 50% 左右，同时，苏宁易购云店将作为 360 度场景式体验区，通过还原厨房、客厅、卧室等真实生活场景，让广大消费者感受浓郁的家庭氛围。其余 50% 左右的经营面积将新增金融、海外购、儿童乐园、红孩子模块、自营咖啡店等业态，在推动苏宁多元化经营的同时，和家电零售形成良好的协同联动作用。此外，苏宁易购云店中开设了餐饮课堂及摄影课堂，定期举办各种形式的主题活动，在给广大消费者创造极致购物体验的同时，引导人们树立健康、时尚的生活理念。显然，苏宁易购门店中的社交、休闲娱乐、智慧服务、特色零售等体验是传统实体门店无法提供的。以用户需求为导向，对用户体验进行持续完善，是苏宁易购云店转型升级的主线，也促使苏宁更加重视和用户进行深入交流沟通。

（二）苏宁消费金融，无缝连接消费场景

苏宁消费金融公司落地苏宁易购云店，使苏宁纯线上的金融服务具备

了"肉身"。苏宁易购云店的丰富体验及特色零售功能,是苏宁为了让消费者方便快捷体验线上线下一体化场景,那么,苏宁为其金融业务塑造"肉身",则是为了让自身更好地连接用户消费场景。

以苏宁金融"任性付"为例,它能够让苏宁和用户出行、婚庆、购物、培训教育、家装在内的诸多消费场景密切关联,可为消费者提供不超过 20 万元的资金支持。

苏宁消费金融公司的使命就是满足广大用户数额较小的日常消费需求,促进发展普惠金融,通过金融支持为消费升级增添新动能,提高广大用户消费意愿,提高人们生活质量。

苏宁大力发展消费金融,并非仅是因为金融集团提供的资金支持,更为关键的是,苏宁通过对其亿级用户各类数据进行深入分析,能够有效降低风险。金融的发展必然需要完善的征信体系,而大数据、云计算等技术的发展及应用为征信行业的发展奠定了坚实基础。分析用户行为是发掘数据潜在价值的关键所在,基于海量用户数据分析,企业可以为所有用户建立立体化的用户信用画像,使信用评估结果更为精准。

同时,苏宁从数据分析结果中可以获取用户兴趣爱好、消费习惯、消费心理、购买力等诸多信息,从而为苏宁向用户推荐定制金融产品及服务提供有力支持。苏宁金融在苏宁易购云店落地后,使金融授信和消费场景密切连接起来,使广大用户能够在线下场景中体验提额申请、个性化金融服务定制等各类金融产品及服务,更容易使双方建立良好的信任关系。

(三)借助线下门店优势,打造跨境电商 2.0 模式

苏宁海外购在苏宁易购云店的落地,标志着苏宁将开启跨境电商 2.0 模式。苏宁海外购采用了自营和第三方相结合的运营模式,自营产品占据较高的比重,且由海外商家直供优质商品。在支付环节,用户可使用苏宁金融开发的支付工具——易付宝进行结算。在配送环节,苏宁和中国邮政及中外运空运发展股份有限公司达成战略合作,建立了完善的跨境物流体系。在售后环节,苏宁海外购所有商品均由苏宁官方提供担保,用户可以享受七天无理由退换货等优质售后服务,这极大地刺激了用户的消费欲望。

苏宁易购云店海外购专区会对部分实体样品进行展示,同时在墙面上的显示器中展示丰富多元的自营及第三方商品,商品旁边会配上二维码,

用户使用智能手机、平板电脑等移动终端扫描后，便可一键购买世界各地的优质商品。目前，苏宁海外购商品覆盖了美妆、日用品、3C（计算机类、通信类和消费类电子产品）、母婴、服饰箱包、生活家电等诸多品类。

积极转型"互联网+零售"的苏宁，依托丰富的线下优质资源，打造苏宁易购云店海外购体验专区，并结合二维码扫描、移动支付等智慧科技，促进线上线下充分融合，打造跨境电商2.0模式，解决传统跨境电商服务及体验缺失等痛点，使广大消费者更加方便快捷地购买全球优质商品，给用户带来良好购物体验。

第三节 实现智慧时代无人零售

一、无人零售模式崛起背后的原因

无人零售迅速崛起的背后是单纯的流量之争吗？答案当然是否定的。创业者及企业布局无人零售并非单纯地想要获取流量，能够掌握海量的数据资源也尤为关键。数字经济时代，数据是企业争夺的重要战略资源，无人便利店在经营管理中，能够积累海量的用户购买、浏览、评论等各类数据，这些数据能够帮助企业为用户描绘立体化的画像，并深入分析其消费需求。

基于用户画像，企业可以对选品、库存、陈列、定价、营销等环节进行优化完善，为供应商的产品生产、物流服务商的配送等提供有力支持，显著提高产业价值链的价值创造能力，降低成本损耗，实现多方合作共赢。

（一）占领高频消费场景

无人零售店选择以便利店形态为主，更多是为了占领高频消费场景，通过密切连接广大用户的日常生活与工作，加快其消费习惯培养进程，快速沉淀一批忠实用户。

如果无人零售店选择类似服装店等低频消费场景，由于人们在服装店中的消费频率较低，尤其是羽绒服这类服装产品可能一年仅去浏览几次，在消费习惯培养方面就要耗费更高的时间成本，不能让商家和消费者进行充分互动交流。而便利店作为一种人们本地化生活的重要组成部分，是绝对的高频消费场景，是未来零售业的关键流量入口。入口之争向来激烈而残酷，不但初创企业积极涌入，阿里巴巴、京东、亚马逊等行业巨头也在加速布局。

（二）10分钟生活圈

便利店和居民区距离相对较短，数据显示，绝大部分的便利店位于消费者步行10分钟路程以内的生活圈，在生活节奏越来越快的当下，能够让人们在短时间内方便快捷购物尤为关键。与之形成明显对比的是，如果人们去大型百货商场、购物中心购物，不但距离远，要耗费更高的出行成本，而且排队付款要占用大量时间，在熙熙攘攘的百货商场及购物中心中排队付款很容易让人产生烦躁、焦虑等负面情绪，部分已经选购完商品的消费者甚至会因此而放弃购买。

无人便利店和消费者距离更近，通常是在消费者步行5分钟路程之内的生活圈，而且解决了排队付款造成的购物时间成本过高的问题，购物过程十分便捷、流畅，能够给消费者带来良好体验。此外，零售企业通过将无人便利店作为电商订单自提点，能有效解决"最后一公里"的配送问题。

（三）零售变革的三个方向

结合无人零售的实际发展情况来看，未来零售企业想要取得成功必须把握以下零售变革的三个方向。

1. 可得性

消费者的消费需求始终处于动态变化之中，而且很多消费需求是冲动消费，时间越久，不确定性就越高，消费者可能会因为各种因素失去购买意愿。所以，确保零售可得性尤为关键，要让消费者能够在极短时间内获得自己想要的商品。从这一角度上看，也就不难理解为何京东、阿里巴巴等电商企业，大力发展当日达、次日达等极致配送服务。

2. 体验

消费升级背景下，消费者不仅想要购买产品，还想要获得优质服务与良好的购物体验，购物中心等零售业态会在门店中增加游乐场、电影院、餐饮区等服务区域也正是这个道理。

3. 内容

为消费者提供优质内容，可以让零售企业和消费者进行深层次交流互动，刺激用户进行口碑传播，为企业品牌建设提供强有力支持，为此，零售企业必须建立专业的内容运营团队。

二、无人零售模式发展的三个阶段

无人零售无疑成为零售界关注的焦点，从零售业长期发展来看，无人零售是零售业不断发展演变的必然结果。纵观零售业发展史，由于市场环境及用户需求的变化，零售业经历了散货店、杂货店、夫妻店、连锁店、电子商务等一系列变化，无人零售的出现，是消费升级、人力成本不断增长等多种因素综合作用的结果。那么，无人零售将会给零售业带来怎样的改变？未来的零售业又将进化为何种形态？

主题商店、品牌体验店、智能无人店是传统实体门店演变的三大方向，部分创业者及企业在这三大方向进行探索实践过程中，通过商业模式创新产生了强大的示范作用。主题商店通常以某一元素为主题，利用植入情感及文化的内容沉淀忠实用户，被称为"美食界宜家"的Eataly，以及国内"泛滥"的韩流店等都是典型代表。

品牌体验店则是线上品牌为用户提供一个实际体验商品及服务和品牌方进行深层次面对面交流的零售空间。近几年，互联网企业对打造品牌体验店尤为重视，纷纷以自营或合作加盟的形式补齐线下短板。

和传统零售商店相比，智能无人店具有更高的经营效率、更低的经营成本，而且易于实现标准化，能够在全国甚至全球范围内进行大规模复制，存在几乎没有天花板的发展空间。长期来看，主题商店、品牌体验店及智能无人店作为零售门店的三大方向，在未来相当长的一段时间内将会长期共存，共同满足广大消费者个性化、多元化的消费需求。

与传统零售门店相比，可以将智能无人店看作一种小而美的零售店，就如同20世纪90年代的街口杂货店模式一般，每家街口杂货店都为周边1~2公里的民众提供各类生活必需品，不过如今的智能无人店密度及智能化水平更高，和居民距离更近。

在消费升级、用户个性化需求被充分释放的背景下，发展小而美商业是企业界的必然选择。企业需要对目标用户进行精准细分，服务对象也从大众转变为部分人群甚至是个体用户。传统零售的规模化、同质化产品及服务将会被精细化、个性化的产品及服务所取代。小型社区便利店的迅速崛起，商超百货的逐渐没落很好地证明了这一点。

长期来看，无人零售模式发展将会经过初级、割据相持及决战三个阶段。

（一）初级阶段

如今的无人零售正处于初级阶段，创业者及企业大量涌入，资本方提供源源不断的资金支持，推动无人零售概念推广普及，技术及设备研发不断深入。当然，得益于资金、技术等方面较低的门槛，无人货架规模最为庞大。此时在技术研发及供应链管理方面具有领先优势的企业在市场竞争中容易占得先机，并受到资本方的格外青睐。

（二）割据相持阶段

进入割据相持阶段后，无人零售被大众广泛认知并接受，企业的炒作概念等行为明显减少，更为注重进行技术研发及供应链升级。该阶段，企业要从技术研发、供应链、用户运营及线下管理人零售核心构成要素方面发力。

无人零售市场规模持续稳定扩大，将助推物联网、RFID、人工智能、传感器等技术及设备的升级，有效提高无人零售的经营效率，并降低其经营成本，此时具备较强创新能力的企业将取得领先优势，有望在用户及资本的支持下成为行业巨头。

越来越多的供应链服务商加入，将从供应链角度促使无人零售进行转型升级，无人零售供给更为精准高效，甚至可以实现定制供给，充分满足用户个性化、多元化的消费需求，迎合人们日益增长的美好生活需要。

企业整体经营管理能力和水平的提升，将会是企业能否在市场竞争中取得领先优势的关键所在，为此，无人零售企业要做好人才引进及培养，做好团队建设及组织架构优化，为员工提供公平、公正的发展平台，充分激发其活力与创造力，激励员工在实现自我价值的同时，为企业创造更高的价值。

（三）决战阶段

进入决战阶段后，更加比拼企业的创新能力，在激烈复杂的市场竞争中，传统思维及模式无法发挥作用，需要企业积极引进新技术、新思维、新模式及新理念，积极和上下游企业进行深入交流合作，通过产业链的高效协同联动应对复杂多变的市场环境和用户需求。

此外，从出行、外卖、团购等诸多行业的实践案例来看，在行业决战阶段，价格战会异常惨烈，因为该阶段的无人零售市场相对成熟，和其他竞争方式相比，价格战虽然简单粗暴但极为有效，这就对企业的融资能力提出了极高的要求。

三、无人零售模式落地的四大要素

无人零售凭借降低人力成本、提高交易效率及用户体验等诸多方面的优势而受到了企业界的一致青睐，发展前景十分广阔，但其实现难度极高，对技术及设备发展有较高依赖性，需要长期投入大量资源与精力。想要发力无人零售，企业必须具备前瞻性与战略性思维，能够制订出一套系统完善的无人零售综合解决方案。

无人零售可以看作一种新零售的衍生业态，是对传统零售的创新发展，从技术研发角度看，它需要应用大数据、云计算、物联网、人工智能等一系列新技术与设备。从供应链角度看，它实现了高效精准供应，可以满足消费者的个性化需求。从用户运营角度看，它传承了互联网思维，对用户体验及个性需求高度重视。从线下管理角度看，它由动态服务取代定点服务，由近距离高密度服务取代远距离低密度服务。

部分学者认为，无人零售所需要的技术及设备尚未成熟，在可预见的未来难以落地，终究只是一场泡沫，但事实真的如此吗？答案当然是否定的。无人零售的落地是一项长期而复杂的系统工程，是一场持久战，并不是一场泡沫。

无人零售的真正落地，必须克服四大挑战，也就是技术研发、供应链、用户运营及线下管理。

（一）技术研发

无人零售的技术研发（或者说是产品形式）主要包括三大类：无人便利店、无人货架、无人售货机。涉及的技术有图像识别、RFID、生物识别、自动电子锁等，这就在技术及硬件研发方面提出了较高的要求。以深兰科技提出的无人零售解决方案为例，它主要是通过机器视觉、自然语言处理等 AI（人工智能）技术建立的智能系统对无人零售门店进行管理。

对于广泛关注的偷盗商品问题，主要从三个方面予以解决：一是在视觉方面，借助高帧数及高清晰度的摄像头对门店进行实时监测；二是在布点方面，在无人零售门店中进行全方位、立体化、多角度的监控布点；三是在算法方面，当人手开始接触电子柜台时，利用实时距离算法、实时轮廓算法对手和商品的连接关系进行分析，如果人离开后，商品在未被购买的情况下消失，就视作手的主人带走了商品。

（二）供应链

无人零售供应链主要包括三种形式：总仓、前置仓及"总仓+前置仓"。不过这三种形式都处于买卖采购的初级供应关系阶段，未能像 7-11 等零售巨头那样结合数据分析，进行定制供应，也不像传统商超百货一般通过建立大型仓储设施，在仓储容量及采购价格方面取得明显优势。因此，未来无人零售在供应链方面发力的重点应该是结合对海量数据的实时分析，实现及时补货及定制供应。

（三）用户运营

用户运营方面，无人零售针对差异化的零售场景从线上线下渠道引流，并将流量信息化、数字化，未来有着广阔的发展空间。

无人零售应用了互联网思维，实现线上线下渠道覆盖，从品类、场景、时间段等多维度进行用户分析及运营，显著提高了用户管理效率及精准度。在沉淀了足够规模的用户后，无人零售可以通过实施定制营销及服务，深度发掘用户潜在价值，同时利用流量自身的社交属性，实现一传十、十传百的口碑传播。

（四）线下管理

对于线下管理，无人零售并非简单追求规模，而是更加强调单点运营效率。和传统实体零售相比，无人零售的线下管理存在着明显优势，门店（包括货架、柜台等）选址得到了极大拓展，除了商铺外，社区、公园、学校、写字楼、体育馆等各类开放空间中都可以投放，而且因为其占地规模较小，租金明显低于传统门店。

考虑到无人零售的线下网点是近距离高密度布局，及时补货并控制补货成本显得尤为关键，为此，零售企业需要打造专业的线下运营团队，同时结合众包物流等配送形式控制物流成本。

综合来看，无人零售的落地并非一件简单的事情，企业想要在这场持久战中取得胜利，不仅要长期坚持，更要以开放、共享、共创、共赢的思维，引入更多的合作伙伴，在整合资金、人才、技术等优质资源的同时，控制转型风险。

四、利用技术实现购物过程数据化

人们进行电商购物时，需要为商家提供个人身份信息、联系电话、家庭住址等各类信息，同时，消费者在电商平台中的浏览、搜索、评论、收藏等信息也会被记录下来，从而为电商企业进行大数据分析奠定坚实的基础。而在传统零售实体店中，企业获得的消费者信息相对较少，即便让消费者成为会员，获得的信息也通常只是姓名、联系电话、微信号等，对消费者了解相对不足。

无人便利店为解决线下零售用户数据相对较少问题提供了有效途径，它能够实现整个购物过程数据化，获得的数据比传统电商更为全面。

得益于大数据未来的惊人潜能，缤果盒子、F5未来商店等无人零售便利店项目虽然上线时间相对较短，但已经获得了资本方的大力支持。

数字经济时代，在数据资源掠夺战中取得领先优势的企业将具有更多的话语权，就像渠道为王的工业时代，掌握渠道的商超百货成为行业巨头，以及流量为王的传统互联网时代，电商平台强势崛起一般，大数据红利会使优质数据资源持有者获得相当惊人的利润回报。

技术及工艺的不断进步，使零售企业很难通过生产独特产品来建立领先优势，更为有效的方案是通过大数据分析掌握消费者的需求，并高效精准地将产品提供给消费者，最终使企业构建出强大的市场竞争力。便利店和用户距离较短，是高频消费场景，也是人们本地生活的重要组成部分。

无人便利店通过各种新技术与工具进行数据收集、分析及应用更为高效便捷。以亚马逊无人便利店（Amazon Go）为例，它能够利用红外线和光幕构成的货架平面对消费者是否拿出商品进行判断；通过视频监控和图像识别记录消费者在门店中的行为轨迹；结合门店经营数据，对商品价格进行优化调整，实现价值最大化等。也就是说，未来无人便利店在用户调研方面将会爆发出前所未有的惊人能量。

第六章

高质量发展背景下新零售行业的商业趋势

第一节　共享新零售

一、共享新零售理念与诞生逻辑

共享经济是以第三方平台为依托，利用信息技术与平台的撮合功能推动闲置资源的使用权转移。共享经济就是以保留资源所有权归属为前提，通过转移资源的使用权推动资源实现优化利用。共享资源可以划分为两种类型：一是有形资源，二是无形资源。有形资源包括汽车、设备、住房、图书、数码产品等；无形资源包括时间、知识、技能、数据、劳动等。

共享经济模式的应用理念：共享经济抓住了使用者的碎片化需求，借助互联网平台开展有序的市场交易。随着经济快速发展、生活节奏越来越快，消费者的碎片化需求受到的重视程度越来越高。

在满足消费者碎片化需求方面，无论是传统的实体零售商，还是新型的线上电商都存在一定的缺陷。线下消费，消费者需要前往实体商店；线上消费，消费者需要搜索信息并对信息进行比对，从而作出相应决策。但面对当下的消费需求，这两种方式都无法使所有消费者得到有效满足。

共享经济提倡对生产商、消费者、流通商三方资源进行共享，使商品制造效率、运输效率、销售服务体验、场景体验得以切实提升。在传统零售业的经营模式中，经销商通常以批发价采购商品，通过合理的店铺选址单向传播信息，开展营销活动。也就是说，对于零售店铺来说，实体零售店铺的选址在很大程度上决定了其是否能长期盈利。但在新零售环境下，这种传统的单向模式已经不再适用。

随着互联网的广泛应用，生产商、流通商、消费者打破了沟通壁垒，借助各大平台，制造商的产能、消费者的数据、流通商的渠道都能实现共享，进而催生 C2B（消费者到企业）、C2C、B2B2C（供应商对企业，企业对消费者）等新业态。因此，在共享新零售模式下，市场上的信息不对称现象将进一步消除，消费者的多元化、个性化需求将进一步得到满足。

在共享新零售理念下，无人货架应运而生。各个办公场所都有很多闲置空间，以往上班族要想购买商品需要下楼前往附近的便利店。无人货架的出现使这些闲置的空间得以充分利用，上班族可就近购买商品。

二、共享新零售模式的运营路径

（一）空间资源的共享

在新零售时代，小而美的无人零售成为发展潮流。借助这种小而美的零售业态，无人零售将全面渗透到消费者日常生活的方方面面，如公交站、地铁站、社区、公园、办公区等，只要人流量大就有可能出现无人零售。消费者如果产生即时需求就有可能通过无人货架购买商品。一般来讲，无人零售的目的在于提升零售空间及货架的利用率，减免店铺租金。

无人零售可实现货架空间的共享。无人零售可对商品品类进行灵活管理，在云计算、大数据等网络技术的支持下对销售数据进行监控，从而对销售产品的品类进行优化、改善，使消费者的个性化需求得到充分满足。为了满足消费者的个性化需求，传统零售商与制造商不能再采用长期订单采购模式。未来无人零售的货架空间将成为一种共享资源，制造商向零售商支付一定的费用购买这个空间，使零售供应链更加灵活，使零售商与制造商的交易成本显著下降。

（二）客流量资源的共享

近年来，我国商业集团联盟实现了迅猛发展，可以对零售商、餐饮商的数据进行有效整合，使两者的会员数据可在集团内部实现互联、共享，从而使用户积分、用户等级可以以各种各样的方法实现积累。比如，跨渠道促销可以使消费模式得以丰富，在使集团下属企业获取收益的同时使消费者获得互补性商品，从而提升积分利用效率，增强消费者对会员系统福利的获得感。比如，某集团同时拥有餐厅与零售店，消费者在餐厅消费获得的积分可以在零售店使用，可使用积分兑换商品等。消费者在零售店消费获得的积分可以在餐厅使用，享受折扣或者获得免费的菜品等，实现价值转换。

此外，零售商可以和制造商共享消费数据，让制造商做出更合理的产品优化决策，引导制造商更好地开发新产品。总体来看，在共享新零售模式下，制造商、零售商可对客流量资源进行共享，提升客流量资源的利用率，以消费者需求为核心打造精细、敏捷、有效的供应链。

（三）物流资源的共享

物流资源有两种共享模式：一是利用互联网平台的整合功能将闲置的碎片化资源聚集在一起，利用这些资源进行物流配送。传统的物流企业运输具有规模经济的特点，要想实现盈利，物流配送必须达到一定的规模。而对于共享型物流模式来说，前期固定成本比较低，因此可以采用灵活的众包服务有效满足物流分散化、碎片化需求，构建新零售时代可随时随地满足消费者购物需求的消费模式。二是企业对物流资源进行共享。在共享新零售环境下，即便零售企业或制造企业实现了物流内化，也可以与社会实体零售商或电商企业合作。如果选择不收费，往往是希望能达成长期合作，实现资源交换，降低边际成本等。企业开放内化的物流资源的目的是提升综合收益，对前期投资成本进行平均分配，减少折旧费用。

（四）信息资源的共享

企业在运作过程中积累的信息数据就是一种闲置资源。虽然企业的经营数据可使企业的预测能力与效率得以切实提升，但也只是对本企业有所帮助，如果能将企业积累的信息资源分享出去，其价值将会在更大程度上发挥出来。在数据的作用下，供应链企业对合作方的预测能力将得以大幅提升，商品生产与交付可同步进行，供应链企业产能的上下限可得以充分提高，使供应链的"牛鞭效应"得以下降，从而提升其在供应链网络中的可视性，对供应信号作出快速响应。

从供应链管理角度来看，信息不清晰、不完整、不全面是"牛鞭效应"产生的根源。也就是说，供应链从上到下，需求信号误差不断增大，导致市场调节费用越来越高。在这种情况下，越来越多的海外企业开始借助信息资源产生共享经济行为，针对规划、补货、预测、调度、库存管理等事宜与供应链企业协商，积极创建跨组织的信息系统，利用互联网平台使企业信息资源的可用性得以进一步提升。

更何况现如今，商品市场变化速度越来越快，竞争越发激烈，企业运作的不确定性也越来越高。在此情况下，通过信息共享，紧急需求模式带来的负面影响可显著下降。综上，信息共享有三层意义：一是信息共享可提升供应链成员在网络环境中的可视性；二是信息共享可增强供应链企业的协同作用；三是信息共享可促使供应链企业对供需变化做出实时响应。

（五）制造产能的共享

利用互联网平台，和同行业企业共享机械设备、生产能力、技术服务等优质资源，并为自身引进先进技术、设备、管理模式，从而提高生产效率，降低经营成本，受到了越来越多传统制造企业的青睐。

与此同时，互联网企业纷纷构建共享平台，推动制造业优质资源流通共享，从而赋能传统制造企业，为终端用户提供更为优质、多元的产品与服务。推动制造产能共享，不但有助于控制制造成本，还能推动先进制造技术和产业模式的推广普及，减少盲目生产，加快制造业成熟速度。

共享经济模式是近几年快速崛起的新型经济模式，它能够充分整合闲置资源，高效对接供给者和需求者。更为关键的是，它重视满足消费者的个性需求，能够刺激人们购物消费，而个性消费的增长又进一步刺激制造业的产品与服务创新。

从长期来看，制造业产能共享具有非常广阔的发展空间。经济全球化背景下，面对日益激烈而残酷的市场竞争，我国制造企业必须持续强化自身的创新能力，积极和优秀的合作伙伴共享产能、技术、人才等资源。随着我国制造业水平不断提升，将来会有越来越多的国内制造企业进军国际市场，和国际企业携手推进共享经济模式在制造业的应用。

目前，共享经济模式在制造业的应用仍处于初级阶段，制造产能共享也只是共享经济模式在制造业的运营路径之一，相关标准、法律法规建设仍要进一步完善。为了推进共享经济模式在制造业安全、有序、高效落地应用，相关部门应该加快完善行业法律法规，使各路参与者的经营实践得到制度保障。

三、共享新零售模式的发展趋势

（一）空间资源的共享——无人零售业态

最初，无人零售凭借品类管理与供应链管理等方面的优势奠定了市场基础，注重试点，循序渐进地升级技术。未来无人零售终将发展为消费者拿货即走模式。从本质上看，这种模式形成的驱动力是机器视觉技术，但机器视觉与高精尖技术结合对前置资本的需求量极大。因此，中小型无人零售企业最好以消费者的场景化需求或碎片化需求为切入点，以避免和以技术为导向的无人零售产生竞争，最好从细分市场切入，获取市场份额，建立敏捷的供应链，从而让企业更好地在市场上立足发展。

消费者行为数据是无人零售的长期优势所在。比如，无人零售通过App与消费者建立触点，为其提供特定优惠券，并在店铺内开放免费Wi-Fi。以App为工具，无人零售不仅可以向消费者推送广告，还能根据消费者的消费记录与身份信息绘制用户画像，捕捉消费者在无人零售环境下的消费行为，利用大数据对这些行为进行分析，以开展精准营销。

无人零售将消费者聚集在一起创建社群，通过与高忠诚度的消费者进行情感互动，赋予无人零售社交功能，让其可以借App社交平台分享个人动态，从而增进彼此之间的交流与互动。比如，无人零售以上班族为目标消费者，可以更好地创建职场社交环境。

（二）客流量的共享——客流量转化为新价值

目前，线下零售店铺的客流量不断下降，在此情况下，零售店铺要转变观念，将自身客流资源的使用权与供应商共享，从而获取额外的范围收益。比如，步步高集团将线下10亿人次的客流量与云猴网的中小商家共享，帮助中小商家完成初步发展。同时，步步高通过与这些商家共享客流创建了自己的线上会员体系，通过与云猴网共享数据对消费者价值更好地进行分析，从而采取更有针对性的促销方式。

除此之外，有一个方案可以借鉴，就是零售商发起的扫码活动。零售商在商品的外包装上印制二维码，发起扫描二维码抽奖或者扫描二维码兑换虚拟礼品的活动，积累了大量的线上流量。通过将这些流量与其他商家共享，用这些流量交换广告，零售商可切实提升整合线下客流量的能力，让这些客流量生成新价值。

（三）物流资源的共享——众包物流

众包物流指的是企业将本该由自己完成的物流工作外包给社会群体。借助日新月异的信息通信技术，消费者可随时随地使用移动设备连接、互动。当前，越来越多的企业开始利用信息通信技术将物流外包出去，通过消费者与企业的价值共创使企业的服务效率得以切实提升。传统物流行业属于劳动密集型产业，但现如今，物联网与大数据可为终端配送提供技术支持，通过对人力资源及运输设备进行整合，以切实提升物流运输效率。

对于企业来说，众包物流降低了企业的运输成本；对于社会来说，众包物流提升了闲置资源的利用率。目前，国内的众包物流企业有人人快递、达达配送、蜂鸟专送等。众包物流发展过程中仍存在很多问题：一是我国众包物流刚刚起步，路况信息急需完善，配送路线亟待优化。物流配送路线不完善，需要配送人员自行查找，浪费了大量时间，降低了物流效率。二是众包物流的从业门槛比较低，员工离职率比较高，导致服务水平存在较大差异，消费者服务体验很难实现标准化。

因此，众包物流要尽快建立健全外部激励机制，通过连续接单奖励、接单排名奖励、推荐入职奖励、签到奖励等多种方式增强对社会大众的吸引力。同时，众包物流要创建专业化的等级体系，从专业能力、配送速度、服务能力等多个方面对工作人员进行评估，帮助他们将积累的工作经验有形化，实现自我肯定、自我提升，使工作人员对自身职业发展做出科学评估。

（四）信息资源的共享——信息分享供应链

在新零售环境下，零售商要通过数据共享为供应商赋能，以改善二者之间的合作关系。传统的供应商与零售商之间的供应链属于"推式供应链"，简单来说就是，供应商强硬地将商品派发给下游渠道。在新零售模式下，供应商与零售商以用户大数据为连接点，创建新型互利合作机制，将单向合作转变为双向合作。具体来说就是，零售商通过与上游供应商共享消费者数据，并根据这些数据绘制消费者画像，帮助供应商对需求信息进行预测。供应商借此深入了解目标市场的需求及偏好，从而更好地制订生产计划及新产品开发计划。

比如，天猫与化妆品品牌使用大数据为商家赋能。根据商务部发布的《走进新零售时代——深度解读新零售》报告，天猫通过为商家提供用户大数据分析服务帮助商家绘制精准的用户画像，从而使其有针对性地研发产品，缩短了产品研发周期。通过这种方式，品牌新品研发周期从 18 个月缩短到了 9 个月，商家节省了近 10 个月的市场调研时间。

（五）制造产能的共享——零售商自有品牌战略

通过自有品牌战略，零售商能获取极大的好处，尽管该战略会在很大程度上增加采购成本与库存成本。据研究，相较于制造商品牌来说，自有品牌销售的毛利率要高 20%~30%。而且，对于自有品牌营销，零售商可制定迅速反应机制，对市场变化做出迅速响应。但一般零售商不具备专业的生产设备与研发团队，前置投资的投资风险、闲置风险、过剩风险都比较高，导致零售商的自有品牌生产对制造商的产能共享产生了严重依赖。

对于制造商与零售商的合作来说，通过与零售商共享产能，制造商可以获取较多收益：一是零售商开发的自有品牌商品价格相对较低，制造商可以通过提升产品价格获取更多利润；二是制造商可获得财务保障；三是制造商可以更好地掌握销售信息，快速响应市场变化，实现定需生产，获取更多直接效益，提升市场占有率；四是通过共享服务，制造商可以规避市场风险，获取大额订单，从而获取更多收益。

第二节　社交新零售

一、社交新零售的概念及产业链发展

社交零售指的是人以社交工具与场景为依托，利用个人人脉开展商品交易、提供服务的新型零售模式，也可理解为社交工具及场景赋能零售。其中社交工具指的是常见的互联网及移动互联网社交工具，比如微博、微信、QQ等，社交场景指的是线下具备社交属性的场景，比如家庭、公司、社区、体验馆等。在整个系统中，社交渠道与场景相当于"通路"，以各种关系形成的社交人脉相当于"顾客"。社交零售的特征表现为以下几点：渠道体量大、自带流量、准入门槛低、稳定性比较差、顾客黏性高、消费场景封闭、商品流通成本低。

整个社交零售产业链涵盖了供应端、服务端、渠道端三部分，以上、中、下游为基础衍生出多元化的商业模式。上游涵盖了生产业务与制造业务。中游涵盖了贸易、仓储、物流、配送、品类管理等。下游是在各种消费场景的基础上衍生出来的社交零售渠道，涵盖了社交零售平台、个人微店、淘宝客、社交拼团等。

除此之外，以社交零售终端为核心出现了一些服务型的生意模式，比

如个人 IP 孵化器、商品内容提供商、社交电商培训管理、商品推广服务商等。现阶段，因为中、上游对资本及运营的要求比较高，所以对应的社交零售平台比较少，大部分社交零售都专注于社交零售渠道形态的创新。

对于社交零售来说，渠道是关键。社交零售实现了去中心化，其基本利润来源是商品渠道分销。从本质上看，社交零售与传统线下实体零售基本相同，区别在于线下实体零售以实体店铺为销售渠道，社交零售以个体为销售渠道，并且利用互联网技术推动渠道运营系统升级，使渠道运营效率得以有效提升。从这方面来讲，社交零售是一种先进的商业模式。

社交零售与社群电商的本质区别在于：社交零售是去中心化的，社群电商是中心化的。社交零售覆盖的零售渠道非常多，每个人都是一个零售渠道；而社群电商则是一个有社群 IP 背书的中小型渠道，一个社群是一个渠道。社群电商对社群 IP 有着较强的依赖，只有成功打造一个社群 IP 才能实现商业变现。

二、分享经济背景下的社交电商裂变

近两年，社交电商迅猛发展，不只新兴的社交电商相继完成巨额融资，如拼多多、云集、礼物说等，主流电商也开始布局社交板块，如聚划算、乐拼购、小红书等。在此形势下，用户即便对拼单、拼团毫无兴趣，只要商品符合自己的需求且价格合适，也会偶尔参与一下。

社交电商能快速崛起，还有一个原因，即社交电商体现了分享经济理念。分享经济是指通过社会化平台将闲置资源分享给他人进而获取收入的经济现象，它包含四大要素：一是公众。目前，公众主要指个人，未来有可能延伸到企业、政府，但其形式主要以 P2P（个人对个人）为主。二是闲置资源。闲置资源包括资金、汽车、房屋等物品及个人知识、经验与技能。三是社会化平台。实现智能匹配。四是收入方式。获得收入的方式有三种：一是网络租借，二是网络二手交易，三是网络打零工。这三种模式是基本的分享模式。

社交电商体现了分享经济的精髓，尤其是在移动互联网环境下，企业不仅注重人与人之间的简单聚集，更强调服务、内容、信息的整合输出。对于社交电商来说，维持其生存、发展的基本条件有两个：极致的产品与服务，普通的价位。但其最终要落到分享层面。而要想刺激用户分享，就必须做好产品、服务、内容的提供。因为只有优质的产品、服务、内容才能让用户产生分享的动力，只有用户不断地分享才能产生利润分配点，这是移动互联网电商发展的根本所在。

在分享经济迅速发展的当下，移动互联网带来的一个机会是个体解放。比如，滴滴打车释放了闲置车辆与空闲时间，微信公众号释放了内容生产者等。

对于社交电商来说，微店、微盟也好，拼多多、礼物说也罢，都体现了一种进化，这种进化发生的基础就是行业基础与发展速度，其商业模式类似于一种反向的分享经济，虽然无法提供流量，却可以提供优质的商品集合，向每一个有流量的个体分享，让其得以解放，让其在成为零售商的同时可以自己创造收入。

社交电商增强了人们的消费体验，刺激了人们产生分享动机，又能精准定位目标用户群体，为其提供精准的营销服务，还降低了整个过程消耗的成本，提升了整个过程的开展效率。从这个方面来讲，社交电商的发展空间极为广阔。

社交电商可以说是电子商务的一种衍生模式，它以人际关系网络为基础，通过社交媒体发布内容，与用户交流互动，引导其购买商品，同时将关注、分享、互动等社交元素引入交易过程。社交电商是一种将电子商务与社交媒体融合在一起，以信任为核心构建的社交型交易模式。

社交电商强势崛起、迅猛发展，这种发展态势与以下三种变化密切相关：一是主流电商进入瓶颈期。随着移动互联网的红利逐渐消失，主流电商的获客成本、运营成本不断提高，流量转化率不断下降，新公司更难从中找到发展良机。二是日渐成熟的技术为社交电商的发展提供了有利条件。不断发展的互联网与移动社交媒体技术使供应链及支付环节不断完善，为社交电商崛起提供了强有力的技术支持。三是消费者的购物习惯不断改变。现如今，许多人沉浸在各种视频、社交、游戏等应用中，时间呈现出明显的碎片化趋势。与此同时，消费过程中的交互方式、信息传播方式、应用场景与营销形式呈现出多元化的特点，这些都使人们的购物习惯发生了较大改变，增强了人们在移动端购物的意愿。

三、社交电商模式的主要优势与分类

（一）社交电商的主要优势

相较于传统电商来说，社交电商存在以下三大主要优势。

1. 社交电商的运营效率比较高

相较于中心化的电商平台来说，社交电商更关注人与人的沟通。个人影响力的传播速度更快、传播范围更广，只要存在社交就有可能发生交易，无须自上到下蔓延。同时，利用大数据进行用户管理能使时间成本、人力成本与推广成本得以大幅下降。

2. 社交电商可实现即时推广

社交电商的购物圈是在熟人关系链的基础上构建起来的，可实时推广购物信息，使影响顾客的周期无限延长，与顾客形成良好的互动，提升转化率，实现裂变式扩张，从而带来更多流量。

3. 社交电商平台的功能更加齐全

社交电商平台的功能非常多，包括社交、支付等，在顾客通过社交场景与老朋友保持联系、结识新朋友时，社交电商平台不仅可以引导顾客前往电商平台消费，从而降低获客成本，还能使顾客的购物体验得以改善，增强了消费活动的趣味性。

（二）中国社交电商的分类

目前，我国的社交电商已经脱离导入期，进入成长期，其主流形态有以下几种。

1. 微商模式

自微商诞生以来，人们就开始观察这一新事物，发展到如今，有人认为它是顺应移动社交时代潮流而产生的一种商业形态，渐渐根植于人们的商业行为中，并已成为一种商业趋势。随着移动互联网的发展，信息垄断与信息不对称的局面将逐渐被打破，微商将带领人们进入一个去中心化的商业未来。在社交电商导入期，传统微商经营单一品牌，企业主要采用传统的线下商品分销方式在线上分销商品。

2. 社交内容电商

社交内容电商是个人通过直播、微信等工具生产、传播与产品有关的、有价值的内容，完成销售转化，实现变现。社交内容电商的典型代表是"网红"直播口红试色来销售口红。这种模式具有数量大、体量小、零散的特征，相当于个体户，但从本质上看依然是中心化的。

3. 社交分享电商

社交分享电商指的是平台通过设置利益机制，鼓励个人通过社交媒体推广商品，平台可以借此降低流量成本，快速提升商品销量与销售额，其典型代表是拼多多。拼多多鼓励用户通过拼团低价购买商品，从而以较低的成本源源不断地获取新用户，使流量实现几何级增长。当然，有些品牌将这种模式作为补充，但归根结底，这种模式依然是中心化、平台化的。

4. 社交零售平台

一般情况下，这种模式多用来对供应链上多元化的品牌与品类进行整合，对线上分销商城进行开发，招募个人店主，为其提供一件代发服务，实现了去中心化。从平台运营、商品结构等方面来看，社交零售平台可分为以下几种模式。

社交零售领域的主流模式就是上述四种模式，传统微商模式可视为社交零售1.0，该模式将传统线下生意转移到了线上；社交内容电商与社交分享电商可视为社交零售2.0，都是中心化的，前者以个人为中心，后者以平台为中心，无论是个人还是平台都形成了或大或小的零售卖场。社交零售平台可视为社交零售3.0，借互联网技术推动传统渠道管理体系升级，实现去中心化，使渠道经营变得更加灵活、轻便。

四、案例实践：拼多多平台运营玩法

近两年，不少商家入驻了拼多多平台，尽管平均交易金额较低，但总体销量较高。其中有相当一部分是天猫、淘宝等电商平台的经营者。这些商家将自家店铺剩余的库存转到拼多多低价出售，有些商家成功打造了爆款产品，但其运营逻辑并不清晰；还有些商家在经营过程面临着流量降低的危机，但不知道问题出在哪里。

（一）选品策略

在选品环节，不少经营者会考虑自己的产品可不可以在平台上销售。事实上，无论什么类型的产品都可以在平台上开展运营，但只有那些符合平台发展方向、与平台特性相一致的产品才有可能成为爆款。

在客单价方面，现如今拼多多的客单价为50~60元，因此商品价格在这个范围或者更便宜，则容易被消费者接受。价格高于这个范围的当然也可以在拼多多出售，但难以获得非常高的销量。

在产品类目方面，初期阶段选择母婴商品、服装饰品、日常生活用品的经营难度比较低，其他类目当然也可以，不过难度可能要大一些。比如有的卖家初期选择了美妆类产品，但若长时间内未取得理想的经营效果，就应该考虑重新换其他类目的产品开展运营，通过这种方式改变以往店铺流量较低、产品销量有限的局面。

在平台竞争方面，拼多多主打爆款产品，特别是那些在淘宝上热销但尚未在拼多多成为爆款的产品。从这个角度来说，商家应该从淘宝爆款中选择产品，特别是那些尚未在拼多多走红的淘宝爆款，这类产品更容易受到拼多多用户的追捧，在参与平台活动时也能够获得有利条件。商家应该抓住机遇，及早推出这类产品。

（二）流量获取的成本及渠道

之所以有越来越多的商家入驻拼多多，就是因为该平台拥有大规模的流量基础，使得商家无须在流量获取方面投入太多成本。平台的点击单价大多不超过一元，即便初始阶段需要付出一元以上的单价成本，后期也能够将这个成本降低。

如何降低点击单价成本呢？在这里给商家提供如下参考思路：在3~5日内持续提高点击量和点击率，直到达到预期数据。可以利用淘星仔平台来实现这个计划，持续几日之后，商家的点击单价就会迅速降低。

如何在拼多多获取流量？具体方式包括使用平台搜索功能、利用直通车开展营销、推出相关活动等。

以搜索流量为例，因为该平台具有明显的社交属性，商家在初期的运营难度并不大，经营者只需在微信平台与消费者进行交易即可。在这个阶段，产品的主要价值集中体现在销量上，拼多多也努力促进平台的产品销售。等到产品销量达到一定程度，商家就能利用关键词搜索、直通车推广等方式提高产品的权重。

（三）优惠券设置规则

向用户赠送优惠券是拼多多提高用户购买意愿的有效手段，所以，熟练掌握店铺优惠券设置流程及要点是很有必要的。在介绍店铺优惠券设置流程及要点前，我们首先需要对拼多多店铺优惠券设置规则进行深入认识。

1. 优惠券生效时间

时长由卖家结合实际需要自行设定，最短 1 天，最长 30 天。

2. 优惠券设置权限

目前，具备店铺优惠券设置权限的角色包括店铺主账号、管理员及运营人员，客服没有权力。

3. 发放方式

店铺详情页、支付下单页等。

4. 优惠券面额及数量

店铺优惠券面额包括 2 元、3 元、4 元、5 元、6 元、8 元、10 元、15 元、20 元、30 元、40 元、50 元、100 元、200 元、300 元、600 元、999 元。一家店铺每次仅能设置一种面额的店铺优惠券。首次发放时，数量限制在 5 万张以内，如果后续仍需要优惠券，可以增加发放量，但总量要控制在 10 万张以内。

5. 使用场景

店铺优惠券仅支持支付商品订单时的费用抵扣。

6. 防范资产损失风险

当店铺优惠券面额大于或等于商品价格时，卖家将面临亏损，为了避免这种问题，卖家需要及时下架那些有亏损风险的商品，或降低店铺优惠券面额。

在了解上述规则的基础上，我们就可以设置店铺优惠券了。

第一，进入优惠券活动管理页面，然后点击"创建优惠券"。

第二，完善优惠券特征、使用限制信息，确认无误后，点击"创建"。

第三，创建完成后，在列表中可以查看店铺设置的优惠券信息。

第四，想要对店铺优惠券发放数量进行调整时，可以点击"修改"选项，并填写新数量。

第五，卖家可以通过点击"结束"选项来中止向用户发放优惠券，已经发放的优惠券仍可使用。

第六，卖家每天最多可以创建 5 种面额的店铺优惠券（不包括创建后删除的店铺优惠券），而店铺优惠券列表中的总优惠券数量必须在 50 种以下，卖家可以点击"删除"来删除那些已经失效的活动券，以免影响设置新的店铺优惠券。

有些淘宝经营良好的商家认为,在拼多多开店,却以低于淘宝平台的价格来销售商品,会引起淘宝客户的不满。事实上,商家可以采取有效措施来降价,体现不同平台运营之间的差别,通过这种方式加速拼多多的运营,并积极参与平台的活动。

有些采用店群模式开展运营的商家,同时开设了多家店铺,但难以取得良好的运营成绩,原因在于,这类商家大多选择在店群打造爆款。而事实上,无论是淘宝店群还是拼多多店群,都不适合开展爆款运营,这种方式会迅速降低爆款的价值。一旦有商家通过店群开展爆款运营取得了较为理想的效果,就要具备足够的危机意识,严格控制该产品的转化。因为店群更适合用于全店动销,而非爆款运营,经营者不能忽视这一点。

拼多多的常规运营思路是,推出新品之后,初期阶段注重保证产品的基础销量,在此基础上参与平台的新品活动,通过新品活动测试进行产品测款,虽然这个环节无法获得较高的流量,但能够帮助商家了解该产品的市场接受度,从中筛选出适合在平台推出的产品,在直通车进行推广。

接下来商家可以打通群,也可以参与拼多多平台的多元化活动,比如秒杀活动,通过这种方式提高产品的销量数据。平台会对商家价格进行调整,适当提高价格来拓宽自身的利润空间。在活动中运营成功的商家,能够得到平台更多的资源介绍。之后,商家则需持续开展新品运营,进行测款、保证基础销量、进行直通车推广、参与平台活动等,形成良性循环,吸引更多消费者,不断提高产品销量。

第三节　红人电商零售

一、红人引流——卖家与红人对接合作

各大红人的存在渠道,主要是站内渠道和站外渠道两类。

（一）站内渠道

1. 淘宝直播视频

随着直播产业的快速崛起和不断成熟，直播视频已成为备受用户青睐的内容呈现形式。即便卖家自己不善于这种交流推广方式，也应该找到一位能够进行淘宝视频直播的伙伴，让其负责以视频直播的方式帮助店铺吸引流量、积累"粉丝"。

2. 微淘大 V

他们有些属于媒体平台，有些则是独立运作的微淘红人，不过两者都培育积累了自己独立的"粉丝"群体，其发布的微淘也会直接进入微淘的精选区或红人区。这类红人多是凭借在某个垂直细分领域的专业技能赢得"粉丝"认可和追随，因此淘宝卖家可以基于自己的行业或产品特质找到最适宜的微淘大 V，与他们进行联系合作，通过支付佣金等方式让其帮助自己的店铺进行引流。

（二）站外渠道

除了淘宝平台本身，卖家可以通过一些站外渠道寻找合适的红人进行引流推广。如一些直播平台的主播，会在自己开店时找到的固定合作商，卖家也可以通过支付广告费用的方式让红人在直播过程中推广自己的商品。此外，一些娱乐视频录制者是很好的合作伙伴。他们虽然不直播，但会定期制作视频发布到相关网站中，同样拥有庞大的"粉丝"群体。因此如果卖家以支付佣金的方式让他们在视频中植入产品推荐广告，也能够获得十分可观的流量，大幅提高店铺知名度。

在红人产业全面爆发的大背景下，各类红人层出不穷。淘宝卖家要利用红人实现引流和"粉丝"积累，就不能盲目选择，而要从以下几个原则出发去寻找最合适的合作红人。

第一，不能只是盯着关注度，更要考虑红人的口碑形象。卖家不能找那些虽有很高关注度却有着负面形象的红人，因为这类红人无法为店铺带来商业价值，甚至会严重损害店铺本身的形象。最好是找那些知名度高、口碑形象好的红人为店铺或产品代言。

第二，选择与产品或行业特质符合的红人进行合作。比如，若店铺的产品是零食、服装之类的商品，则可以让红人主播进行代言推广，因为这类红人的"粉丝"是对快消品有着较多需求的年轻群体；如果销售的是家具、皮草这类客单价很高的产品,则最佳的红人代言人是自媒体或专业评测机构,因为用户在进行消费选择和决策时,希望获得的是专业性、相对权威性的指导和建议。

第三,卖家在与红人合作时,要在利益分配、售后产品质量问题等各个方面提前做好沟通规划,最大限度地消除合作过程中可能出现的不利因素,构建长期稳定的合作模式。

第四,对于实力雄厚、能力较强的卖家,不必局限于单一的红人引流渠道,可以选择多平台、多红人、多模式的推广方式,实现店铺的跨越式发展提升。不过,卖家要做好数据分析,评判不同平台、红人、模式的推广引流效果,以便设计出更合理有效的后续发展方向和路径。

红人大多是通过长期的"粉丝"培育积累,逐渐提高自身知名度的,而众多"粉丝"的背后是一个更为庞大的流量基数。因此,淘宝卖家要打造红人店铺,必须尽可能吸引更多流量,不断提高店铺的关注度和知名度,如此才有可能积累沉淀出规模可观的"粉丝",获取"粉丝"经济价值。

二、渠道引流——红人店铺的运营法则

打造红人店铺的一种方式是利用无线端的各种引流渠道,结合店铺精心设计的运营手段,进行长时间的引流和"粉丝"积累,不断提高店铺知名度和影响力,最终成为红人店铺。其中,前期的资源积累和"粉丝"认可是关键,这个过程可具体分解为"店铺定位—前期引流—提升认知—获得认可"。

(一)店铺定位

淘宝卖家要打造红人店铺,应明确自身想要建立一个什么类型的店铺,而这又主要取决于店铺拥有的优势货源。因为只有基于最有优势的货源打造和运营店铺,才能保证利润收益的稳定和后期产品线的优化更新。

若卖家没有优势货源,也可以从最感兴趣或最擅长的行业领域切入,打造红人店铺。因为在后期的店铺运营和形象塑造中,需要卖家为"粉丝"提供大量行业知识和专业指导。比如,要打造一个动漫类的红人店铺,卖家应对动漫内容有着较多了解,能够与漫迷深入沟通交流,如此才可能获得用户的认可与青睐。

因此,可以从两个方面对店铺定位:优势货源或自己擅长的领域。当

然，如果两者同时兼具自然更好。

（二）前期引流

红人拥有的大量"粉丝"是从规模庞大的流量基数中逐步筛选、积累来的。与此相同，打造红人店铺也必须首先获取庞大的流量，如此才可能积累到足够多的"粉丝"。因此，引流成为店铺前期运营的核心内容。较为常见的前期引流方式如下。

1. 店铺宝箱

店铺宝箱分为每日宝箱和进店宝箱两种，前者有利于新店铺增加"粉丝"基数，后者则能带来大量进店访客。卖家若能合理利用这两个引流工具，将有利于快速增加新店铺的访客与"粉丝"数量。虽然这些流量的精准性不高，但为店铺培育、沉淀"粉丝"提供了巨大的流量基数。

2. 社区流量的获得

社区是无线端重要的流量入口，用户可以通过在社区中分享购物心得和产品消费体验，帮助卖家进行产品的传播推广，且这种由用户自发的推荐行为对其他用户也更具说服力。卖家可以与老客户进行交流协商，采用多种激励手段鼓励老客户在社区中传播分享产品或店铺信息，从而获取社区流量。

此外，淘宝平台中的直通车、钻石展位、淘宝客、麻吉宝等都能够帮助店铺实现流量的快速积累，不过这些推广方式的成本相对较高，需要卖家基于自身的实际状况进行选择。

（三）提升认知

卖家要通过店铺的整体运营规划，有效提升访客的店铺认知度，塑造良好的店铺形象。具体来看，卖家可以从以下几个方面着手。

1. 店铺整体"装修"

在无线端，卖家要基于售卖的产品特质对店铺进行"装修"，打造店铺的整体形象，让消费者第一眼就能大致了解这是个什么样的店铺，从而对店铺形成初步印象，并在有相关消费需求时第一个想到的就是该店铺。比如，若店铺主要卖中低价的韩范潮流服饰，则在店铺"装修"时可参考韩都衣舍、裂帛等女装卖家的风格，在店铺中多使用较为明亮的色彩，构图时可采用活泼甚至略显浮夸张扬的方式，从而以青春潮流的店铺风格吸引年轻消费群体的关注，让其对店铺有着良好的第一印象。

2. 详情页或子页面

店铺可以在详情页或子页面中以图文甚至视频直播的形式，通过专业的产品推荐、搭配建议或感性的文字描述提升店铺形象，加深用户对店铺的第一印象。比如主要售卖服装的店铺，不要只是进行单件服装的推销，更重要的是与用户分享一些服装搭配和潮流方面的内容，让用户感觉不仅是购买了一件衣服，更获得了服装搭配、形象打造等方面的知识和指导，从而提高产品溢价，增强店铺的用户黏性。

对很多人来说，他们其实并不明确自己到底需要什么，或者应该怎样搭配符合自身形象气质的服装，因此他们希望在消费决策中获得专业性的指导和建议。店铺如果能够在详情页中提供此类信息，将有助于提升店铺形象，给用户留下良好印象。

感性的文字描述主要适用于一些风格独特的店铺，其通过合理搭配感性的文字与文艺的图片，提升那些喜欢这类风格的用户对店铺的形象认知。这种店铺的形象打造类似于认知型红人，通过激发受众的认同感和心理共鸣塑造店铺形象，提高用户认知度。

3. 微淘和微博

微淘也是卖家与店铺"粉丝"交流的重要渠道，关注过店铺的用户可以看到店铺发布的微淘内容。通过与用户的持续深度沟通，卖家可以基于店铺定位精准发现目标用户群体，并通过深度分析目标用户的行为习惯、消费偏好等内容以及与店铺的相关度，推送他们感兴趣或需要的内容，以此塑造店铺形象、提升用户对店铺的认知度。此外，微淘本身具有一定的转化率。

除了站内的微淘，卖家可以通过站外的微博与"粉丝"互动，通过发布一些"粉丝"感兴趣的内容，增强与他们的信任关系。微博运营与微淘的目的相同，都是塑造店铺形象，提升用户认知，为店铺吸引更多流量，培育积累更多"粉丝"。

（四）获得认可

在初步建立店铺形象并积累了一定量的"粉丝"后，接下来卖家就要通过相应的有效的店铺运营以及"粉丝"的管理与维护等，真正获得用户的认可，不断提高"粉丝"忠诚度，从而为打造红人店铺奠定坚实的"粉丝"基础。

卖家可利用淘宝后台的客户管理系统建立会员制度和积分卡制度，向用户宣传成为会员后获得的诸多特权与优惠，以此引导用户的消费行为。

卖家可建立用户群，即利用 QQ、微信等社交工具将用户集中整合起来，使卖家与用户、用户与用户能够在群内便捷沟通交流；卖家要对用户群进行精心管理与维护，并时常针对群内的用户推送一些店铺优惠活动，提高"粉丝"黏性。

卖家还可以通过短信或旺旺经常为"粉丝"发送一些祝福或促销优惠内容，如在"粉丝"生日时发送短信祝福并赠送一些小礼品，大多数用户在收到这类祝福短信或礼物时都会比较感动。店铺可以通过这些人性化、有温度的细节提高"粉丝"的认可度和忠诚度。

不论是淘宝视频直播渠道还是无线端的引流渠道，打造红人店铺都要从利益和情感两方面切入：前期通过切实的利益吸引流量，让更多消费者关注店铺并初步形成良好印象；中后期则要对积累的众多流量进行有效运营维护，通过持续的情感互动建立与用户的强关联，从而逐渐筛选积累高黏性"粉丝"，最终成为一个具有高知名度和影响力的红人店铺。

三、粉攻略——持续激活"粉丝"活跃度

"粉丝"经济的快速崛起充分展现了"粉丝"的巨大价值，如何长久有效地保持较高的"粉丝"活跃度也就成为想要获取"粉丝"经济红利的红人、社交账号、自媒体人等关注的主要问题。不论是大型的品牌营销推广还是较小的个人微商业务，都需要先聚合起大量"粉丝"并保持"粉丝"群体较高的活跃度，才可能将"粉丝"转化为购买力，获取商业变现价值。下面以红人模式为例，具体分析应如何维持"粉丝"活跃度。

（一）周期性输出内容，培养"粉丝"生物钟式获取习惯

红人要长久保持"粉丝"较高的活跃度，应在内容方面形成周期性的优质内容输出，让用户形成生物钟式获取内容的习惯。

形成了周期性的内容输出后，接下来更重要的是通过各种方式让"粉丝"去看这些内容，培养他们生物钟式获取内容的习惯。换句话说，"粉丝"对内容的获取不是偶发性、临时性的，而是一种习惯性行为。这方面的典型案例是"罗辑思维"，它通过每天早上六点的语音内容推送，既保证了周期性的内容输出，又培养了"粉丝"生物钟式获取内容的习惯。

必须注意的是，要培育"粉丝"获取内容的习惯，输出的内容对"粉丝"来说必须是有价值的，能够对他们产生较强的吸引力。对此，红人要有效区分内容与信息的差异，输出对用户生产生活具有实际启发或指导作用的优质内容，而不是简单的信息。

比如，明天北京会降温 5 摄氏度，如果只是将这个信息告诉"粉丝"，那么价值并不大，因为"粉丝"在其他很多地方也能获得这一信息。如果红人进一步告诉"粉丝"如何穿着会更舒适，敏感体质的女性"粉丝"应该使用哪种护肤品，饮食上应注意哪些方面等，那么这些内容对用户来说就是十分有价值的。

互联网时代，一方面是信息的极度膨胀和快速更新使每个用户都处于信息海洋的包围之中，太多的信息对人们造成了一定干扰；另一方面则是用户难以从庞大的信息流中快速找到所需的有价值内容。因此，在信息爆炸的互联网时代，有价值的内容依然是稀缺资源，也是增强用户黏性、保持活跃度的关键。

总之，在"粉丝"面临着海量信息干扰的情况下，红人要通过周期性输出有价值的内容吸引用户关注，让"粉丝"形成生物钟式获取内容的习惯，以便维持"粉丝"群体较高的活跃度。

(二) 互动活动带来参与感、价值感

大量信息的涌现和快速更新必然会造成用户注意力的不断分散，结果是单一内容难以获得用户的集中关注，给用户留下深刻印象，更常见的情况是用户对某个信息"转眼就忘"。当"粉丝"对输出的内容无法形成深刻记忆时，保持"粉丝"活跃度也就无从谈起。

从这个角度来看，只是保证优质内容的周期性输出还远远不够。特别是在内容创业大潮的推动下，越来越多的社交账号、自媒体平台等都能为用户提供有价值的内容，这将导致内容输出方式、内容领域和内容形式等各个方面的同质化越发严重，使用户产生审美疲劳。

当大量有价值的内容都在积极争夺用户注意力时，仅仅做好优质内容输出显然不够，还要通过各种线上线下互动活动让用户获得一种参与感、价值感，以此增强用户黏性和忠诚度，如逻辑思维的霸王餐活动，以及很多红人持续与用户交流并不断鼓励用户打赏等。

总之，红人除了要周期性地输出优质内容，还要周期性地举办各种互动活动，让用户不仅能持续获得有价值内容，还能获得更深层次的参与感、归属感、成就感，如此才能长久维持较高的"粉丝"活跃度。

（三）深入互动的联系纽带必不可少

对红人或各类社交媒体来说，创建一个能与"粉丝"及时、持续、深入互动的联系纽带非常重要。联络纽带的呈现形式并不固定，微信群、QQ群、贴吧等都可以，其主要作用是在互动活动间歇期（不论是红人还是社交媒体都不可能每天进行活动）与"粉丝"保持交流沟通，让"粉丝"时刻感受到红人的存在。

以明星贴吧为例，其能聚合起大量"粉丝"并保持较高的活跃度，除了明星自身名气的原因，更重要的是它成为明星与"粉丝"保持稳定、深入互动的联系纽带：如果"粉丝"喜欢这个明星，可能会去关注该明星的微博，还很可能会进入贴吧中获取关于该明星的更多信息，并定期参加相关活动。

微博等也能够成为深入互动的联络纽带。如电商类微博意见领袖龚文祥每周末都会举行互粉活动，借此将众多"粉丝"聚集起来互动聊天，这种微博上的周末互粉活动便成为深入互动的联系纽带。

品牌或社交账号的经营者需要建立一个能与"粉丝"深入互动的联络纽带，以随时随地保持与粉丝的交流沟通，既让"粉丝"始终感受到自己的存在，又能及时响应"粉丝"诉求，从而维护好自己的核心"粉丝"，保持"粉丝"活跃度。

（四）多平台分发覆盖更多"粉丝"群体

红人或自媒体维持"粉丝"活跃度的一个必备功课是进行多平台内容分发，满足不同用户的渠道使用习惯，尽可能覆盖更多"粉丝"群体。因为当前的用户群体越来越多元化、个性化，不同用户对内容分发平台的偏好不同，有些用户习惯从论坛获取内容，有些用户可能青睐使用手机QQ，一些海外用户则可能更偏爱使用Twitter（推特）或Facebook（脸书）。

比如，很多用户喜欢从今日头条中获取内容，那么红人或自媒体就应根据这一使用习惯在今日头条平台创建一个账号进行内容输出，以覆盖更多"粉丝"。类似的还有网易、搜狐、UC订阅等内容分发平台。总之，在能力和条件允许的情况下，红人、自媒体要尽可能在更多平台进行内容输出，充分满足不同"粉丝"群体的使用习惯。

有些用户喜欢美拍，有些青睐YY（歪歪），有些则偏爱花椒直播、映客直播。用户这种多元化的使用习惯和偏好，促使红人尽可能在不同平台进行内容分发，以覆盖更多用户。对红人来说，通过多元化的内容输出渠道覆盖更多受众，将更多活跃用户转化为自己的"粉丝"，也是维持"粉丝"活跃度一种有效方式。这同样适用于经营一个品牌或社交账号。

很多比较成功的品牌采用了多平台内容分发的方式，除了传统的贴吧、论坛，很多也开通了微信公众号、微博。一些品牌通过公众号带动微博，建立"粉丝"社群，以此不断增加"粉丝"的数量。

维持较高的"粉丝"活跃度要先聚合起足够的"粉丝"，保证"粉丝"规模，因此进行多平台内容输出就十分必要。做微商同样如此，不能将内容分发渠道局限在朋友圈，要扩散到论坛、QQ、微博等更多平台，以获取更多活跃"粉丝"。

通过以上分析可以得出，红人、社交账户或自媒体要维持较高的"粉丝"活跃度，首先，在内容设计上要形成周期性的优质内容输出机制，并培育"粉丝"生物钟式获取内容的习惯；其次，要通过周期性的互动活动，将单向的内容输出变为双向互动，让"粉丝"获得存在感、参与感、归属感、成就感，提高"粉丝"忠诚度；再次，应建立一个深入互动的联系纽带，让"粉丝"始终感受到自己的存在，保持与"粉丝"的随时交流互动；最后，则要通过多平台分发机制扩大内容覆盖范围，从不同平台获取更多活跃用户。

四、案例实践——淘宝直播的店铺运营

互联网整体生态的发展成熟促进了红人经济的快速崛起。在电商市场竞争日益激烈、流量获取难度和成本不断攀升的背景下，通过打造红人店铺获取"粉丝"经济价值，成为很多淘宝卖家突破瓶颈、实现更好发展的有效路径。

淘宝视频直播主要是通过真人出镜的方式与用户进行即时互动聊天，引导用户进入、收藏、关注自己的店铺，实现店铺引流，甚至在视频直播中直接进行产品宣传并引导用户下单购买。

淘宝直播借鉴了以往视频直播的形式，同时结合淘宝的实际运作情况在直播中嵌入了广告牌、产品的直接推送等内容，成为备受用户和商家追捧的信息推广和内容展现形式。

总体来看，多数主播在进行淘宝直播时吸引的在线观看人数都能达到几千人，一些优秀主播甚至能够聚合起三万到五万流量。同时，随着淘宝官方的大力推广和用户观看直播习惯的养成，淘宝视频直播的人气和影响力将不断提高。

卖家入驻淘宝视频平台需要满足两个条件：一是成为淘宝达人；二是要发布不少于两条视频内容，通过平台审核后才能获得开通视频直播的权限。若卖家的微淘等级达到了相应标准，也可以开通视频直播功能。

但卖家在进行视频直播时，需要注意以下几个问题：一是不能在直播刚开始时就硬性推送广告，否则只会引起观众反感，导致观众迅速流失。二是正式开始直播前就应规划好直播主题甚至是具体的流程细节，以合理的方式将直播内容与产品行业联系起来。开场可以向观众分享专业知识，在获得认可的情况下再进行产品推送。比如，以推广化妆品为目的的视频直播，可以先与观众分享皮肤护理知识；卖服装则可以向观众分享潮流资讯和服装搭配知识；美食类产品则可以通过直播美食制作过程吸引观众目光，激发人们购买美食产品的欲望。三是直播过程中卖家可以阶段性地引导观众关注自己的直播间，或者直接引导观众在左下角进入店铺。四是直播时要严格遵守平台规定，避免出现淘宝禁止的内容和行为：与视频内容无关的商品、微信账号信息，低俗违规内容，以及主播通过小号在直播评论中发布自己的店铺信息或微信账号等。

总体来看，通过淘宝视频直播打造的红人店铺，多是以偶像型为主、知识型为辅。卖家通过个性化展示和有效的交流互动，赢得观众关注与认可；与观众建立起信任关系后，再寻找恰当时机进行产品或店铺的宣传推广。个性化的形象谈吐（偶像型）能够迅速吸引更多流量、提高店铺知名度，而专业性的产品与行业知识（知识型）则有利于长期留住用户、实现"粉丝"积累沉淀。但通过淘宝视频直播渠道打造红人店铺的门槛其实并不低：一方面很多卖家并不适合上镜；另一方面卖家可能缺乏团队帮助，难以进行流畅表达和用户沟通。不过相应地，这种方式在引流和"粉丝"积累方面都比较快，能够在短期内快速提高店铺知名度，获得红人经济价值。

第七章

高质量发展背景下新零售行业专业群人才培养

第一节　创新专业人才培养模式

一、人力资源管理理论

人力资源管理是管理领域的先导概念，大量研究表明人力资源与绩效之间的联系，已经为人力资源管理实践的研究人员和从业人员提供了全面的观点和重要支持，当今时代，企业的成功不是基于产品组合来衡量，而是基于不可模仿的资源。而这些来源是人力资源。

20世纪50年代，彼得·德鲁克在所著书《管理的实践》中指出"人力资源"的概念，他认为对比其他资源，"人力资源"更具有协调力、判断力、融合力以及想象力，认为人力资源管理是企业管理者所具备的一种普通管理职能。此后，陆续又有不同学者，对此以各种不同角度去概括，逐步对人力资源管理概念达成共识。

（一）麦格雷戈的X理论和Y理论

经理的态度会影响企业内部员工的工作积极性的想法最初是由20世纪50年代和60年代麻省理工学院的管理学教授道格拉斯·麦格雷戈（Douglas McGregor）提出。管理者通过这些理论来感知和解决员工的积极性。他将这些相反的激励方法称为"理论X"和"理论Y"管理。每个人都假定经理的角色是组织包括人员在内的资源，以使公司最大限度地受益。但是，除了这种共通性之外，它们体现的态度和假设也大不相同。

理论X管理层假设以下内容：工作对大多数人而言本质上是令人讨厌的，因此他们将尽可能避免工作；大多数人都没有野心勃勃，对责任的渴望不大，宁愿受到指导；大多数人没有创造力来解决组织问题；动机仅发生在马斯洛需求层次的生理和安全水平上；大多数人都以自我为中心。结论是，必须严格控制他们，并经常迫使他们实现组织目标；大多数人抵制变化；大多数人都是轻信而又不懂事的人。

本质上，理论 X 假设员工动机的主要来源是金钱，而安全性则是次要的。根据理论 X，可以采取硬性或软性方法来获得结果。

激励的硬性方法依赖于强制，隐式威胁，微观管理和严格的控制，本质上是命令和控制环境。但是，柔和的方法是宽容并寻求和谐，以期希望员工在被要求时能给予配合。但是，这些极端都不是最优的。艰难的做法导致敌意，故意低下的产量以及极端的工资要求。柔和的方法导致人们越来越渴望获得更高的报酬，以换取工作量的减少。

似乎人力资源管理的最佳方法将介于这些极端之间。然而，麦格雷戈断言这两种方法都不适合，因为理论 X 的基本假设是不正确的。

麦格雷戈借鉴了马斯洛的需求层次结构，认为一旦满足了需求，就不再能激发需求。该公司使用货币奖励和福利来满足员工的低层需求。一旦满足了这些需求，动机就消失了。X 理论的管理阻碍了更高层次需求的满足，因为它不承认这些需求与工作场所相关。结果，员工能够满足工作中更高层次需求的唯一方法就是寻求更多报酬，因此可以预见的是，他们专注于金钱奖励。虽然金钱可能不是实现自我的最有效方法，但可能是唯一的方法。人们将利用工作来满足其较低的需求，并在闲暇时寻求满足较高的需求。但是，当员工的工作目标与他们的更高层次的需求保持一致时，他们可能会最高效。

麦格雷戈指出，指挥和控制环境之所以无效，是因为它依赖于较低的动力需求，但是在现代社会中，这些需求大多得到了满足，因此不再具有动力。在这种情况下，人们会期望员工不喜欢他们的工作，避免承担责任，对组织目标不感兴趣、抵制变革等，实际上是在创造一种自我实现的预言。对麦格雷戈而言，在理论 Y 的管理下似乎更有可能出现稳定的动力供应。

自尊和自我实现的更高层次的需求是持续不断的需求，对于大多数人来说，永远无法完全满足他们的需求。因此，正是这些更高层次的需求可以最大限度地激发员工的积极性。

与理论 X 形成鲜明对比的是，理论 Y 管理做出以下假设：如果条件允许，工作可以像玩游戏一样自然；如果人们致力于他们，他们将具有自我指导和创造力，以实现他们的工作和组织目标；如果能够解决诸如自我实现之类的更高需求的奖励到位，人们将致力于实现他们的质量和生产率目标；创造力遍及整个组织；大多数人可以承担责任，因为创造力在人们中很普遍；在这些条件下，人们将寻求责任。

在这些假设下，有机会将个人目标与组织目标保持一致，并利用员工自身的实现需求作为激励因素。麦格雷戈强调说，Y 理论管理并不意味着采用软方法。

麦格雷戈认识到，有些人可能尚未达到理论 Y 所假设的成熟水平，并且可能最初需要更严格的控制措施，随着员工的发展，这些控制措施可以放宽。

（二）Z 理论

在 20 世纪 80 年代，美国商业和工业经历了对日本产品和进口产品的海啸，特别是在汽车工业中。为什么美国消费者会大量购买日本的汽车、电视、立体声音响和电子产品？原因有两个：高质量的产品和低廉的价格。

管理学教授威廉·内奇（William Ouchi）认为，西方组织可以向日本同行学习。尽管内奇在美国出生并受过教育，但他是日本血统，并在日本度过了很多时间，研究该国在工作场所团队合作和参与式管理方面的方法。结果就是 Z 理论在 X 理论和 Y 理论基础上继续发展，融合了东西方管理实践的最佳优势。内奇的理论首次出现在他 20 世纪 80 年代的著作《Z 理论：美国管理如何应对日本挑战》中。内奇声称，Z 理论的好处将是减少员工流动，增加承诺，提高士气和工作满意度以及大幅提高生产率。

Z 理论强调需要帮助工人成为通才而不是专家。它认为工作轮换和持续培训是在建立各种技能和能力的同时增加员工对公司及其过程的了解的一种手段。由于给了工人更多的时间接受培训，轮换工作并掌握公司运作的复杂性，因此晋升往往会变慢，制定时限的理由是，它有助于培养更敬业、忠诚和永久的员工队伍，这对公司有利；同时，员工有机会在一家公司充分发展自己的职业。当员工提升到更高的管理水平时，可以期望他们将使用 Z 理论来以类似的方式"培养"、培训和发展其他员工。

内奇的理论 Z 对工人做出了某些假设。一种假设是他们寻求与同事建立合作和亲密的工作关系。换句话说，员工强烈希望有从属关系。另一个假设是，工人期望公司的互惠互利和支持。根据 Z 理论，人们希望保持工作与生活之间的平衡，并且他们重视工作环境，在这种环境中，家庭、文化和传统等事物被认为与工作本身同样重要。在 Z 理论的管理下，工人不仅与同事具有凝聚力，而且还培养了秩序感，纪律性和道义上的勤奋精神。最后，理论 Z 假设，只要有适当的管理支持，就可以信任工人能以最大的能力从事工作，并照顾自己和他人。

Z 理论还对公司文化进行了假设。如果一家公司想要实现上述好处，则需要具备以下条件：一是强大的公司理念和文化：所有员工都必须理解和体现公司理念和文化，并且员工必须相信自己所做的工作。二是员工的长期发展和雇佣：组织和管理团队需要制定措施和计划来发展员工。就业通常是长期的，晋升是稳定和可衡量的，这导致团队成员的忠诚度。三是决策共识：鼓励并期望员工参与组织决策。四是通才雇员：由于员工在决策和了解组织的各个方面负有更大的责任，因此，他们应该是通才。但是，仍然期望员工承担专门的职业责任。五是关注员工的幸福：组织对员工及其家人的健康和幸福表示真诚的关注。它采取措施并制订计划来帮助培养这种幸福感。六是通过形式化的措施进行非正式控制：员工有权按照自己认为合适的方式执行任务，而管理则是完全可以放手的。但是，应该有正式的措施来评估工作质量和绩效。七是个人责任：组织承认个人的贡献，但始终在整个团队的范围内。

Z 理论并不是管理的硬道理，因为它确实有其局限性。组织和员工可能很难做出终身雇佣承诺，而且，由于工作的性质或工人的意愿，参与性决策可能并不总是可行或成功的，缓慢的晋升，团队决策和终身聘用可能不是一个好主意。

二、人才发展理论

人才、学习发展和组织发展是现代企业发展过程中得到普遍肯定和探讨的理论方向，并且也渐渐受到学术界的广泛关注，成为研究的热点。倘若企业在实施人力资源管理时对人才和组织发展的理论和模式并不熟悉，而且对职责和工作内容的要求也不明确，将不利于企业的生存和经营。

（一）关于人才发展、组织发展的总体概念

1. 人才发展的概念

人才发展又称"人才管理"，人才发展作为企业内部的核心竞争力而存在。相对与组织发展和学习发展，学习发展是针对两者之间的联系纽带，如果企业内部的员工没有进行学习，便不会得到一定的成长。

人才发展需要激励企业内部人员保持不断地学习，通过科学的管理方式来让人才担负起组织发展，而组织发展存在以下这些关键因子：胜任力模型建设；对人才发展精准定位；制订人才发展计划。

人才发展要求企业管理人员具备一定的专业管理知识与技能，并能把这些知识和技能运用到人才培养和开发的实践过程中。因此，学习发展和人才发展通常可以融合为一体，统称为人才发展。

2. 组织发展的概念

组织发展指在组织发展时所表述的整体性，是系统地改进并且循环的过程，组织的发展是一个诊断—改进周期，并和价值导向具有强相关的关系，组织发展可以在组织中进行有计划的深层次的变革，强调了组织中各个部门，各个岗位的高效协作，并要求组织中的人员进行自我监督；组织发展以持续性地推进为主要话题，围绕组织发展目标的持续提高是一个持续、动态的发展过程。正是由于上述的特点，组织发展要求管理者具有高度的集体责任感、良好的职业素质和较高的专业技能。通过对组织发展共性的系统分析，可以明确：组织发展有助于组织实现有效的革新。从文化、管理和工作等方面出发，通过一系列管理行为进行完善和改进，从而有效地完成组织系统变革和发展的目标。

（二）人才发展与组织发展的联系以及对企业管理的作用

1. 人才发展与组织发展的联系

人才发展、企业发展和组织发展密切相连，密不可分，人才的发展是组织发展的重要基础，人才发展需要组织发展为其提供有效且丰富的发展环境，企业在经营发展的过程中既不能过于重视人才发展，而忽略组织发展的充分性，也不能高度重视组织发展，而忽略人才发展的必要性，只有两者协作发展，才能增强企业的综合实力，形成市场竞争优势，企业需要将市场导向作为制定人才发展战略的基石。根据发展阶段，制订人才管理计划，以获得和提升组织发展的能力，让企业内员工也在组织发展进程中得到持续的自我提高。

2. 人才发展在企业中的应用

（1）做好企业人才发展岗位规划。人才发展对企业来说极其重要。企业内很多重要的岗位都要求发挥充分人的主动性来体现工作能力。所以，企业在制订人才发展计划，分析人才需求的过程中，应建立胜任力模型，建立完善的人才资格评价体系，为人才管理提供准确的数据，为制订人才管理计划打下良好的基础。同时，还需要对人才进行评估考核，并通过人才流向进行盘点，以便对人才的工作能力有深刻的了解，从而使企业的人才管理部门能够建立起自己的人才库。基于以上数据的更科学的系统合理的人才管理系统，让企业在发展业务过程中更加有效，满足企业开展项目过程中的人才需求。

（2）对人才发展领域的专业能力进行系统性规划。以企业的有序发展为目标，对所引进的人才的专业能力进行科学的规划与评估，主要通过岗位要求，绩效标准，胜任力模型进行建模、评价及发展三个方面对人才发展的专业能力进行评估，以企业文化，企业价值观为核心，对不同部门及职能的人才的能力进行综合考评，从而明确企业人才发展的核心要素，让企业的人力资源部门进行各类基础及系统性专业性培训，令人才通过学习发展获得更高的专业能力，表现超越预期的工作绩效，提升组织的运营效率。

3. 组织发展在企业人力资源管理领域中的应用与实践

人才的引进需要紧跟企业的发展需求。企业在引进各类专业人才的过程中，需要妥善建立各类专业人才的引进评价机制，以及绩效标准，完善人才引入之后的培训与发展；企业组织发展关键由企业内部的变革能力和变革意愿来驱动，以外部经济环境的不断发展为内部人才发展，组织发展的优化方向，让企业能够不断适应变化的商业环境，确保企业有序发展，基业长青。

三、新零售环境下人才发展战略面临的挑战

经过多年的发展，电子商务在经历了快速发展阶段之后，面临着用户增长速度放缓、流量红利降低和获取客户成本增加的挑战。各企业包含新零售企业在内的企业开始寻求数字化转型。其中，新零售业还面临员工流动过快、市场竞争激烈、招聘反应机制不够健全以及员工培训机制短缺等巨大挑战。面对这些快速变化的唯一的且重要的选择是对人力资源的数字化管理。

（一）市场竞争激烈，人员流失率相对较高

由于企业之间的竞争日渐激烈，高素质人才所需的福利和待遇以及人

才的发展空间，企业能否给予都成了能否留住人才的重要因素。而企业奖励体制和薪酬系统的漏洞也导致人才非企业内部的流失。

新零售行业属于高流动性行业，员工流动的频率太高已经逐渐成了企业所面临的一个严峻问题。由于运营的成本压力，新零售业比其他行业更注重和压缩控制人力资源的成本，目前由于新零售企业工作强度大、工作时间比起其他行业长、一线工作人员入职培训不足以及企业人员结构不稳定等问题，都是导致人力资源流动的频率高、人员流失的主要原因，而如何有效控制企业人才的流失也是零售企业进行人力资源管理过程必不可少的工作内容。

（二）招聘反应机制不够健全

新零售行业由于从业员工的高流动率和高流失率，加以企业组织的扩张，企业员工数量的大量增加，考勤繁复，如何对新人入职和员工离职进行快速反应，如何保证人力资源数据准确率等这些因素都给人力资源的管理带来了前所未有的挑战，而传统的人力资源流程和制度已经无法满足当前企业发展的需求，新零售企业迫切需要进行人员管理的数字化变革。

（三）员工培训机制短缺

当今，很多企业对新人入职一般都会进行入职培训，而对于新零售业来说，同样也会对新人入职进行入职培训，但由于零售业人员流动性较快、工作强度大，对人员的需要高，很多企业在短短几天对新人进行培训之后，很少会进行员工长期的定期培训，引起企业人员整体工作效率降低，服务的质量不能达标，对企业形象也会产生一定负面影响。岗前的培训不但可以让企业员工更深入接触企业的发展过程与规章制度，而且能使员工明确自己岗位的责任、工作时长、需要注意的事项、本岗位的薪资待遇等，提高企业员工的稳定性、工作积极度和对企业的忠诚度。员工培训应该是持续性的、定期的。企业新规、工作流程改变、新产品推出、新平台新设备的使用、国家新政策以及绩效考核等，都是新零售业需要对员工进行培训和再培训的主要原因。

四、新零售理论对企业人才发展战略发展的补位思考

（一）制定和优化薪酬制度

企业员工是企业组织竞争力的核心，充分调动员工工作的积极性，让

员工有归属感并且忠诚于公司,才能进一步提高企业效益,这对企业的人力资源的效率提升带来了挑战。因此,新零售企业应该以企业利益为基点去制定和调整薪酬体系,制定有竞争力的薪酬制度,以企业人员的职位、考核成绩和对企业的贡献等作为工资分配的评估标尺,调动人的积极性,留住优秀人才,降低员工流动率。

（二）提升员工的体验

员工在企业的归属和认同感,深刻影响着员工的离职率和工作效率,而员工的离职率和工作效率则关系到企业的健康有序发展,因此,企业只有关心员工,才能调动员工的积极性,从而提高企业的效益。

（三）定期进行入职培训和规划员工在企业的职业发展路线

企业应该为新人提供入职前的入职培训和业务培训,当前很多大型的新零售企业都为企业员工进行定期培训,也为员工规划了个人职业发展,设置设立了专门的学院供员工培训和提升,让员工可以更好地处理工作中遇到的各种挑战,也为公司培养了一批储备人才。新员工通过入职培训深入了解了即将开展的工作,老员工通过定期培训提高了业务能力,管理层通过管理培训提升了管理能力。通过对员工业务能力的培训和企业文化的输入,提高了员工的归属和认同感,提升工作中的效率和质量,从而提高企业的竞争力。

（四）开展校企合作为零售企业引进并发展专业型人才

随着新零售组织和企业的扩张,企业对人才的需求也在增加,加强高校经管学科建设,新零售企业和各大学进行合作,毕业生到企业实习,将理论和实践相结合,更深入了解新零售企业的发展和具体工作,进而提高业务能力。而企业也能通过实习生在企业实习的绩效来选择需要的人才。

（五）使用数字化解决方案

新零售企业面临组织的扩张、企业员工数量的大量增加,人员流动性高,考勤繁复等问题,原有的人力资源系统已经无法满足当前发展的需求,因此,新零售企业需要使用数字化解决方案。例如,使用更优化的人力资源管理平台进行优化排班、合理分配用工、管理员工的多项业务技能等等提高员工的工作效率,增加企业内部结构的弹性和企业的抗风险能力。以此为企业创造持久的竞争力。

五、新零售环境下人才发展体系的构建

（一）新零售环境下，零售企业架构面临的变革

新零售是一种全新的整合式全场景全渠道的零售模式，是零售企业以现代互联网及强大信息化数字化平台以数字化信息化技术为载体，充分运用并且实践人工智能、大数据技术等多种先进的技术方式，对货品的生产、货品流通以及货品销售流程进行升级，进而重构业务结构与生态，并对线下零售门店的消费者体验、线上的端到端闭环式服务体验以及现代化的数字化供应链管理信息技术高度整合打造的一种零售的新模式。

从另一角度来说，新零售不但可以说成了一种全新的商业生态和商业模式，也可以说是一场思想的变革，其核心内涵就是要改革和重新建构。深入的改革和生态的新建构，它是系统性的新架构，而不仅仅只有简单的微调。在新零售业的环境下，零售企业的架构正在面临着考验与变革。

1. 转变经营管理理念

在如今的社会经济条件下，不管是线下还是线上，流量其实早已经见顶了。因此，零售业在对他们的新零售进行变革的时候，就需要首先改变他们的经营管理理念，不能以传统的思想和理念进行经营，即以商品为核心思想，以企业自身利益为中心的理念，而应当打破传统零售认知中所谓的片面追求最大化的流量思维和过于数字化的用户标签式思维，重建起以总体的消费者顾客体验为核心的零售经营管理理念。

2. 实现线上和线下相互结合的一种二维的市场架构

在当今的背景下，企业必须坚持走各渠道相融合的发展路径，重新建立起全渠道经营模式。单纯地走线上或者线下道路，是不能作为一个完整的市场发展战略进行的。

3. 重新建构一种新商品系统

就目前情况看，零售业的商品体系逐渐将有可能不能满足目前客户的需求，现今的消费市场以消费升级为主导，并展现出了小众化、分层化、个性化的需求等特点。在如此的市场特点背景下，零售企业体系就需从两个层面进行重新构建：一方面，建构满足高质量的生活需要的商品系统，另一方面，构建一种能够满足供给客户生活解决方法需要的商品系统。

4. 重新打造新零售环境下零售企业的数字化平台

未来的各类零售企业均向科技型企业发展，而如今，以往比较传统落后的零售业在信息体系建设的道路上还有很长一段路要走，需要以全新的视角构建企业信息化体系，构建起完整企业链接，线上线下全渠道地支持以及总体消费者的覆盖。从单一静态的模式到多样化并且动态的数据管理模式，由 PC 端过渡至移动端，从货品采购，供应链管理，商品营销为中心逐渐转移到以企业内部员工为中心、以最终消费者为中心、达到以人为本，以及建立起具备智慧学习与实践功能的高度自动化的数字信息体系。这是新零售环境下，零售企业改革最基本的基础设施保障。

5. 提升消费者的体验感受

必须重新设计、构建门店的综合体验环境和体验流程，不断优化并提升消费者的体验感受，真正做到以消费者为中心，提高消费者的复购率。

6. 重建企业的营销系统

需要进一步重建企业的营销系统，企业应该致力于改革过去以商品为中心的经营模式，重组新的营销模式，做到以流量为中心。

总之，新零售可以说是一种系统化的革新，其间的每个过程都必不可少，而在新零售差异性的构建之下，人力资源管理便是支持企业新零售改革中最基础、最重要以及最核心的一个部分。

（二）构建人力资源管理的差异化

互联网和数字信息技术渗透了整个传统的零售业，零售业面临着新一轮变革。而实行差异化结构，不断地创造新的组织结构或者变革旧的组织结构，以适应和应对当前新的零售业变革，这些使得新零售公司能在这一场变革中屹立不倒而实行差异化结构，要求公司在继承的同时进行创新，从功能型向动态型进行转变，不能再固守陈规，要打破固有的常规思维，人力资源的管理工作以及人才发展的体系化工作应该与时俱进，通权达变，随时对公司的整体架构和结构进行调整，以应对外部环境的不断变化，随业务的变化而进行增删或合并。

1. 构建人力资源管理战略规划与职能差异化

现如今，知识化经济的时代已经到来，全新的零售环境下诞生的新零售的商业模式，正在逐渐被传统的零售企业所学习并接受，逐渐取代传统的零售业务模式，而不管是什么类型的企业，人力资源始终是公司的核心资源，是公司竞争力之源，如何最大化地运营人力资源，优化企业人力资本，是一家企业实现持续性发展的最重要的问题，这就要求企业不断迭代或者优化企业人力资源管理的战略规划，充分明确并向组织内部传达当前人力资源管理应根据实际情况进行的职能转变。

在企业人力资源的战略管理和战术规划这两个层面中，企业必须理解并重视人力资源的核心价值和关键性。要根据企业所处的内部和外部环境的变化趋势和企业的中远目标及当下发展目标，及时有效地调整企业人力资源管理战略和战术规划，打破常规思维，跳出固有的框架，把人力资源管理在企业内部的认知及工作实践上提升到战略的高度去看待，并在当前复杂的经济和政治环境中，在新零售发展的经济环境中，为企业的发展积累后备力量，而为了与人力资源管理中的柔性战略规划相协调，达到企业的发展目标，人力资源管理的职能就必然要进行革新。在当前新的零售发展的情况下，传统的人力资源既有的八个模块已无法满足当前发展的需要。而倡导 HRBP，即人力资源业务合作伙伴模式，将工作重心，重点放在组织战略发展方向上，促进人力资源管理职能完成从服务型岗位向战略型转移，从职能聚焦属性向业务聚焦属性，进一步提升了企业的效益和价值。

2. 培训差异化和细分化

在新零售的巨大浪潮下，面对新零售带来的巨大影响，规模和技术等这些有形资产所给企业的竞争优势已经日渐减弱，企业想为自己的组织持续创造企业竞争力，企业人力资本的影响是不可忽视的。若使人力资源管理行之有效，培训是人力资源开发的重要的桥梁。

（1）培训的差异化。企业应该根据员工的不同情况进行不同的培训，对新加入公司的新员工进行岗前培训，对于团队的管理岗位人员进行领导力方面的培训，对团队中的绩效优秀人员进行各类管理课程的培训。与此同时企业还应该对员工进行绩效考核，通过以此来检验和提高员工的业务水平，企业通过以上这些企业文化输入、入职培训、技能培训以及绩效考核等，都能让员工更加深入了解企业，提高业务能力，增加员工的对企业的认可，对文化的认同，对团队的归属，进而真正将人力资源转化为自身企业特有的人力资本。值得注意的是，所有运营类，技能类的培训都要通过考试来检核学员的掌握程度和学习水平，使他们更加聚焦消费者的服务体验和最终满意度。

(2) 培训的细分化。始终坚持对企业内部员工的各类培训最终应服务于企业的健康，有序地发展，并且始终关注企业的发展目标。培训的方式和培训的类型以及培训的主题应该结合各种形式来开展，将技能与新理论、内部与外部培训这几种不同形式的培训结合起来，从不同的层面，不同的水平，去提升企业内部员工的综合素质、工作能力和价值观。

3. 人才管理差异化

新零售环境下，零售企业的人才管理的核心是为员工提供足够且有效的知识和技能的提升，而企业组织和内部员工的差异和各自的特点又决定了企业应该采取因材施教化的人才发展和人才管理方式，对于企业而言，人力资源是一种战略投资和管理投资，如果管理得当而且有效，那么企业将获得很高的利益回报，但是如果管理不善，则会损害企业发展的根基，影响企业的有序经营。

在这样的情况下，为了公平起见，若企业对企业内部各个岗位，各种职能的内部员工进行一刀切，统一的培训授课和培训管理，那么带来的影响就是企业内部员工对工作的认知，工作的热诚和积极性会受到较大的影响，影响工作效率，并最终恶性循环导致员工的流失，更严重的将会影响公司的长远发展。

在新零售环境下的零售企业应该根据具体情况，对员工的工作技能、岗位要求、发展规划进行科学认真的分析和归类，并建立不同级别的人才梯队和人才盘点数据库，从而有的放矢地针对不同类型，制订不同的人才发展方案和策略，便于在新零售环境下，实现公司的可持续发展和组织的持续进步。

4. 绩效与薪酬的差异化

新零售环境下的零售企业在实际的运营管理过程中，一般员工和管理人员常常会忽略：组织中的绩效和职位职责是两个最基本的评估维度，而不是以个人的工作水平为主要指标，员工为组织的发展目标所做的努力，并共同承担责任，那么这项工作将是有益而有效的。同时，不同的岗位有不同的职责和事务，这从一定程度上反映出零售企业对内部不同岗位，不同职能的员工的要求和标准不同，势必进行对于绩效标准的差异化制定。在这里需要明确的内容是：建立差异化绩效标准并对员工进行考核的本质是零售企业对岗位、对职能、对部门，以及对内不同的员工的要求的进一步详尽和细化。利用差异化的绩效考评标准进行考核，可以最大化地量化，管理并提升员工个人能力。从逻辑的角度来说，企业将应创造更多的价值表现，同时使整体的多维评估系统更加立体化。并采用差异化的绩效管理标准和管理方式进一步进行员工工资标准的差异化制定和发放。对绩效和薪酬差异化采用有效的战略和规划为企业带来的好处是显而易见并且立竿见影的。例如：提高员工的团队认同、文化认同、价值认同，改善并提升员工的绩效表现，增加公司收益；提升人员利用率，进一步降低总体人力资源成本。

（三）管理系统模块

1. 招聘甄选体系

新零售的环境下，无论是线上还是线下相关的零售业，是员工的流动率最高的行业之一，有的时候甚至高达120%，没有对招聘体系给予足够重视是这个惊人数字的根本原因。

所以问题来了，你是如何招聘新员工的？难道只是在你的商店橱窗里挂上招聘的牌子？如果是这样，你可能正在破坏你的生意。以下是你需要了解的一些信息，可以帮助你找到理想的员工，帮助你的企业发展。

（1）岗位描述的体系化创建。基于国内对人力资源管理的认知正处在急剧变化和高速发展期，通过调研，大多数的岗位描述甚至都不描述他们要招聘的工作内容，它们只不过是一张经验和技能的清单。所以，如果有新员工觉得胜任不了那份工作，几个月后就辞职了，导致你不得不重新开始招聘。

岗位描述不仅需要明确新员工具备哪些经验，还需要明确以下两点：角色所包含的职责和责任；使这个角色成功的个性特征。

举例来说，如果你知道你的工作要求应聘者能举起50斤的重量，或者需要懂得如何在门店进行直播带货，或者对互联网线上消费有运营经验，那么那些达不到要求的人就不会申请这份工作了。研究显示，如果有人在与客户面对面打交道时感到不自在，他们也不会申请。

构建零售行业招聘甄选体系的第一步就是管理者通过自上而下的工作要求梳理，和自下而上的员工工作场景调研，盘点待招岗位的每日工作任务，提炼出必备技能，生成一份确切、标准化的职位描述。

（2）创建招聘说明书。招聘甄选体系的构建者，需要与企业内部的人力资源管理部门，以及业务部门进行充分的沟通与检查，以构建一份符合企业发展方向的招聘清单。例如，这份工作需要做的所有相关工作是否都已详尽；是否把"必备技能"和"工作期望"分开描述；是否让公司对求职者有吸引力；是否介绍了在本企业，本岗位工作的好处；整体的描述是否简短，清晰，明确。最后，让目前担任这个岗位的员工检查描述，确认其是否准确地描述了职责。

（3）吸引，并获取候选人。在具备了完善的工作描述，企业需要将空缺的职位发布在网上各类求职平台以吸引更多更好的候选人，发布平台的原则是越多越好。

来到互联网时代的今日，各大人力资源平台也逐渐出现了差异化的受众群体。比如，58同城、赶集网主要聚集基础岗位或者灵活用工，智联聚焦基础和企业中层的候选人，猎聘、Boss直聘聚焦高级别的候选人。

企业需要根据招聘员工的定位，选择不同的平台，以获得较高的响应率。考虑使用求职者追踪系统，帮助企业同时在多个招聘平台上发布招聘信息，甚至可以跟踪和组织求职者。

（4）科学面试甄选。面试是企业了解候选人在销售、顾客服务，新零售技能，运营管理技能等方面的技能的关键机会。而通过调研，受限于面试的条件约束，当下企业的面试往往通过1个小时左右的面试来验证较多技能类的问题，通过对多家新零售品牌零售公司的调研，总结并提炼了一些更加有效的方法。在同样条件受限的情况下，主要通过情景式、开放式的提问来进行甄选：如何引导并激发顾客购买额外的商品，线上或线下？当一位顾客很生气地和你抱怨，她新买的衬衫弄脏了，你是怎么处理的？在线上门店问答中，如果你不知道客户的问题的答案，你会怎么做？你今天过得很糟糕，下雨了，顾客很不礼貌，你如何帮助他们找到微笑和好心情？结账的队伍有10多人，而且得不到任何帮助，你怎么办？

2. 培训开发体系

完整的培训系统主要包括两个级别：水平和垂直。垂直主要是指可以接受培训的员工范围。不仅只有一部分员工可以接受企业提供的培训，还需要各级别水平的员工都可以接受培训。水平主要是指企业可以为员工提供的培训内容的丰富程度。

（1）垂直培训体系。新零售环境下，零售企业从业人才的梯队建设是国内目前几乎所有零售企业面临的最大挑战。人才梯队建设不完善将会极大影响企业的持续性发展。人才梯队的建设必须依靠完善的企业水平和垂直的培训体系。例如，盒马超市在垂直培训体系中具有严格的根据不同的职级，不同的岗位要求而研发的培训系统。它通常不直接招聘门店经理或其他高级零售运营管理人员。他们往往宁愿选择应届的大学毕业生，无论是不是新零售线上或者线下的专业背景或者兼职背景，因为这些人力资源就像盒马重新创建的一张空白纸。而"打造你的成功"培训体系，主要是针对应届大学毕业生而设置的培训项目，在 18 个月或 24 个月的周期内。在不断吸收学习知识和实践训练的同时，员工主要接受"新零售入门基本功""从业人员专业知识和技能"和"岗位知识和技能"的培训和考核，然后才能晋升为中层管理，比如楼层经理、区域经理、部门经理等。在此之后，在接下来的 24 个月中将对表现最好的员工进行再次的提升和强化类的培训。如果获得通过或较好的评分，就可以升任门店总经理一职。

（2）水平培训体系。由于新零售业务涉及线上和线下的促销、购买、供应链管理、信息化平台和其他环节。因此，需要零售管理人员对知识的广泛度将随着职位的上升而不断提高。而且构建一个以水平方向进行知识和技能领域扩展的培训体系就变得尤为重要，对于一位零售门店的经理而言，为这个指定的岗位说明可以印证这个培训体系的重要性。比如，在盒马、永辉这类大型的连锁零售品牌，从以为员工进入门店的第一天起，他就会被安排一系列涵盖各个维度的培训计划，如品牌历史、产品知识、零售知识、工作技能、运营标准流程等一系列的套餐。几乎在企业内部定义的每个区域都有专门的集中式盒马门店作为一种特殊的"培训门店"，比如冷冻速食食品学院、大小家用电器学院、日用化妆品学院、新零售全渠道经营等，为每个部门的员工提供大量的以及可以自由选择学习和培训的机会；伴随着员工职位的提升，提升思维思考培训，各类常用外语的培训，关于企业文化价值观的培训，各类艺术兴趣类的培训，甚至去海外参观学习培训等不同的培训主题和培训范围也在扩大。盒马的水平培训系统不仅使员工能够具有更广阔的业绩舞台，更重要的是，在此系统下培养的人才不仅可以具备足够的领导力独立开展管理和运营工作，并且是一个多方面皆具备的全方位人才。

从长远来看，虽然设立妥善的横向和纵向人才培养体系不能立即满足当前新零售环境下零售行业的快速扩张需求，但这可以确定是做好这个工作的最佳以及最根本的解决方案；只有妥善周到的人才培训体系才能做到源源不断地为企业提供并且开发各类人才资源，新零售环境下的连锁零售企业人才发展才可以在未来的发展中取得长足以及持续性的进步。

（3）新零售环境下零售企业员工培训课程的开发

完整的培训课程设计过程主要分为以下三个步骤：一是培训需求分析。培训需求分析的主要内容是：根据企业内各个岗位的核心胜任力，分析出不同的能力模型，针对能力模型，评估员工当下的"能力机会点"，并以此确定培训的目的、培训的优先级、培训的预算等管理上的信息，基于此，盘点出急须进行的培训课程，以及需要借助外力进行的培训课程，这些培训的开支，由企业培训和年度培训费用的预算组成，培训项目在启动前提交给上级部门批准。对于培训需求的分析，有多种方法，在零售企业内部，较多采用的是访谈和调研问卷式这两种，我们也可以从竞争对手的培训体系中，找到适合自己企业发展的培训体系。二是培训内容设计。关于培训内容的设计，起点是基于需要实现的目标，比如某某技能的掌握、某某知识的学习、某某流程的掌握等，不同的知识和技能通过不同的培训课程实施来进行实现，因此，在零售企业内部，更需要强调整体课程的实用性，课程的内容与培训学员的实际工作内容紧密相关。三是评估培训结果。通过对现有的培训评价体系模型进行分析，发现目前仍以"科勇·柯克·帕特里克模型"为主导，其评价活动可分为四个层次，分别对训练后的学员自身的满意度，满意度，知识和技能进行评价。水平方向是没有提高和提高的程度，工作中的知识和技能是否可以得到实施和利用程度，通过的知识和技能可以使自己的绩效得到提高和改变长期奖学金的程度，上述评估是由学员填写评估表，进行评估访谈、绩效评估和其他评估方法来进行的。人力资源部门最终需要将培训结果与员工薪酬，晋升和职业紧密联系起来。

3. 绩效管理体系

BSC（平衡计分卡）绩效考评体系的设计通常立足于企业战略的设定，并且将高度的看不见摸不着的战略设定直接转化为可评估、可衡量、可追踪的一系列绩效管理指标。新零售环境下，零售企业的健康有序发展离不开整个零售供应链各个环节上的供应商和代理商的支持与协作。除了销售那些代理品牌，授权产品和渠道通路型产品和自产的商品之外，零售商所进行的视觉陈列、商品管理、营销活动的大部分货品都是直接由各个经营品类的品牌商、供应商、渠道商来提供的。不仅如此，在产品营销活动，促销特卖和产品陈列中，供应商还将提供相关的各类运营方面的支持和营销方面的支持。因此，在 BSC 分析平衡计分卡的评估时，企业应该在绩效管理体系中增加了响应供应商管理与协作的考评模块。

（1）财务管理方面。从公司股东的角度来审视，在财务方面设定各类的经营指标和绩效指标。从本质上来说，企业管理的终极目的是追求经济利益，和持续性发展。财务目标能否实现与企业发展的战略目标能否实现直接并且密切相关。新零售环境下，零售企业有非常多的财务指标要衡量，有的时候甚至细化到几百上千个不同的科目。对于新零售环境下的零售企业来说，顾客购买产品的评价客单价，即 Average Transaction 的指标可以非常客观且直观地反映出顾客、地区、商圈等的实际购买能力和购买意愿，而门店的营收增长率，即环比增长率。则可以反映出企业的实际零售经营和运作的能力。

（2）消费者方面。从消费者的角度来看，消费者是一系列消费行为，消费画像，消费路径的标签的集合。新零售环境下，无论是线上还是线下，都将服务作为导向，企业都高度认知，客户满意度对零售企业的发展极度重要。只有了解我们的消费者，不断满足他们的需求，并努力为消费者提供超出他们预期的消费服务体验，我们才能实现企业的业务和发展目标。消费者的各类等待，延迟的时间直接决定了他们的体验度和心情。门店的环境、陈列、整体的氛围满足个性化消费的发展趋势，并且丰富的产品品类以及高度的可用性则大大提高了消费者无论在线上还是线下进行购物的冲动及可能性。

（3）内部流程方面。从企业的角度来看，内部流程级别是企业设置的优先级和运作模式的指导。标准的内部流程，即 SOP，对于企业的良性运营尤为关键。新零售环境下，零售企业的关键经营运作和管理上的过程体现在企业内部的标准运作流程体系和企业品牌价值链之中，其主要从商品采购、供应链管理、产品营销、市场营销和顾客关怀这五个方面来实现，从而为消费者提供更好更便捷的服务。盒马采用了会员制的营销和客户关系管理方式，会员制度的设立和会员体系运营，可以非常有效地提高消费者在线上或者线下门店和平台进行购物的可能性，盒马开发自己的 App 产品，和线上线下整合的 Omni 购物平台，并且，其中一些自有品牌的设计和营销也是评估其内部标准运营流程的一个角度。

（4）学习与发展。从员工的角度来看，学习和成长水平是经过科学调研，并且在企业内部自上而下形成共识的目标。新零售环境下零售企业需要有序且健康地发展，员工作为企业内部不可或缺的重要元素，与企业的发展密切相关，零售企业拥有大量员工，员工离职率可能高。因此，企业应关注并不断提高员工对公司的归属感和满意度以及对公司、团队以及企业文化的认可度。

（5）供应商管理方面。科学地设置供应商级别是从供应商的角度进行管理的重要的指标。这些产品是否能及时供货，产品质量是否合格至关重要，如果供应商的供应链问题导致商品短缺，不仅会影响当前的销售，还会影响消费者在未来的购买决策。

（6）实施平衡计分卡绩效评估体系。新零售环境下零售企业为了确保绩效考核体系的贯彻落地，盒马成立了专门的绩效考核团队，并制订了一套完整的实施计划。所有部门和门店应在评估的下个月的×月×日将提交的材料提交给绩效评估小组。绩效考核组应对提交的材料进行评估，以确保材料的真实性和准确性。绩效评估小组制作绩效评估表，并通过合理的程序加权计算获得评估结果。

当绩效评估的结果统计确认之后，这个结果将反馈给为此员工进行绩效评估的评估人，评估人需要对这个结果进行正式的确认，绩效分数分为五个级别：优秀（90~100）、好（80~90）、一般（70~80）、差（60~70）、很差（60 及以下）。绩效评估的结果可以用作奖金，员工培训和职业发展计划的基础，对于小组而言，它可以反映实际绩效与目标绩效之间的差距，并指出来年目标设定的方向。

4. 员工激励制度

（1）激励零售业一线员工的必要性。一是新零售环境下，零售行业的必须有效地激励一线员工。无论是线上还是线下零售，零售业是服务业，提供服务是其主要业务内容。因此，零售企业的组织结构中，归属于门店的店长，各部门主管，销售人员往往占整个企业的大多数，对于一个零售品牌来说，无论是线上还是线下，消费体验的质量会直接影响消费者的满意度，进一步影响零售企业的品牌形象和商誉情况。因此我们可以下结论，零售企业中"离消费者最近的员工"一直影响着零售企业的发展。研究显示，有将近百分之九十五的消费者认为零售企业的服务质量，是他们决定是否在这里购买的最重要原因。二是当前一线员工的供求状况要求必须有效地激励他们。近年来，社区的便利商店、商圈的各类超市，以及零售百货商店在疫情褪去之后逐渐开始营业，与此密切相关的一线人员受到"招聘难"，"就业难"和"人员滞留难"的困扰。大型零售企业在迅速"圈地"的同时，也处于繁忙的"圈子"中。例如，盒马需要大约300名基本员工、20~30名中层管理人员和数名高级管理人员来开设一家商店。但是，前线工作是劳动密集型的，并且比较辛苦，且缺乏该行业的价值认可。因此，企业需要各种激励方法来吸引和留住员工。三是零售企业中一线员工的离职率很高，需要有效的方法来激励他们。在国内的零售行业，一线员工占员工总数的一半以上。尽管不缺少高素质，高收入的一线员工，但一线员工短缺且流动性高，最终导致客户服务质量差。根据调查，许多零售企业的缺勤率是30%，通过拜访发现许多商店都在招聘职位，招聘对象主要是为基层员工招聘的，据客户服务主管透露，大型购物中心，他们常年缺乏商店的安全性、接收、收银员这三个工作岗位，雇员和转换率每年为60%~70%，一线雇员的离职率在10%~20%，不太严重，企业员工的流动性大大增加了业务风险。

（2）零售企业一线员工激励办法。一是薪酬激励方法。我们从马斯洛的经典人类需求理论中看到，人类的生存与繁衍是基于物质的，而一旦当人类的物质需求无法得到满足的时候，一味地去提倡精神层面的需求往往不切实际。零售企业的业务模式和特性决定了其一直属于低毛利行业，往往员工的薪水会低于其他行业。应采取有效的物质激励措施。当然，物质激励并不意味着高薪，我们不建议以一种简单直接的方式，"一刀切"地提高一线员工的薪水，这种做法往往会与企业内部的薪酬结构相冲突，而且增加了企业的人力成本，效果可能并不明显，甚至产生反效果，影响企业经营。采用一种比较实质性的员工激励方法，基于公开透明的原则来制定企业的员工激励政策，比如建立员工推荐奖，阳光公正奖，创新创意奖，特殊贡献奖等奖项；根据收银员、货品处理人员等零售行业里往往享受特殊津贴的岗位，设立如"收银合规补贴""采购合规补贴"等奖项。

零售企业也应该多考虑一线员工的家庭成员。并为其提供特殊福利，例如，年假福利、住宿及差旅津贴、子女就学补贴、父母医疗基金等，以便零售企业一线员工可以为企业更好、更安心地作出自己的贡献。二是员工授权方法。新零售环境下，无论是线上还是线下，零售企业的一线员工的一大部分工作就是与各类消费者进行沟通，消费者的购物需求各不相同。有时候，如果严格按照流程和服务标准为顾客提供服务，虽然不会犯任何错误，但有时候会给消费体验带来"刻板，官腔，不够人性化"等的负面评价。对于零售公司而言，我们要求一线员工用双手来工作的同时，更应该鼓励他们运用自己沟通的智慧。尤其是"80后""90后"甚至即将到来的"00后"，他们往往具有较强的自我意识，零售企业需要展示出给予他们足够的认可和信任的状态，给予他们一定的授权，这意味着希望他们能够更好、更勇于去承担自己的岗位责任，赋予更多的授权，鼓励一线员工承担更多的责任会激发他们的工作热情。例如，海底捞里普通的服务员就可以为消费者在不经过店长同意的情况下提供更高的折扣，用来避免消费者过多的排队，等待或者找不到自己喜爱的产品，甚至有权向消费者赠送小零食和增加产品的数量。有的时候，给予授权就激发勇气，在勇气面前不怕员工出错，而不惧怕出错误是创新萌芽的土壤，具备创新能力的企业就可以不断突破，实现长足进步。三是弹性奖金制的激励方法。在新零售的环境下，由于零售企业开启了线下结合线下的全渠道经验，原本组织结构中占大多数的一线人员将比原来更多，同时能力的要求又逐渐增加，对于每个员工的能力模型要求出现细分和不同，他们的需求也不同，有的希望获得更多的休假，有的希望职位的提升，有的想要更多的学习机会掌握更多的技能，对于企业而言，往往应该采用灵活的弹性奖金制度来对员工进行激励，给他们看到来自企业的鼓励，给以工作动力，并且树立标杆，那些有能力，有意愿，高度认同企业，持续进步的员工可以获得更多的金钱和更高的职位。四是企业文化激励方式。在新零售环境下，零售企业作为服务性行业，应该高度重视企业文化的建设，在一线员工的心中搭建"愿景—文化—价值观"的认同支柱，将散布于大量门店中的一线员工集中起来，践行公司自上而下统一的行动纲领，形成为企业提供服务的向心力和凝聚力。

不可忽视的是，企业文化的建设往往在不知不觉中影响着员工的工作动力，它可以持续性地驱动工作的积极性，培养公司的文化认同和团队的归属感，为企业的发展带来较多的"正能量"。

第二节　全国高职院校新零售专业设置以及课程设计调研报告

随着电子商务和物联网的快速崛起，新零售成了当前零售行业的新热点，正在如火如荼地发展。然而，新零售行业的发展仍然存在一定问题，其中最突出的问题就是人才相对匮乏，全国高职院校在这个领域的专业设置和课程设计也比较落后，无法满足行业发展需求。为了了解全国高职院校新零售专业设置以及课程设计的现状，本次调研报告以企业需求为导向，综合分析目前全国高职院校的新零售专业设置和课程设计情况，旨在为新零售行业和高职院校提供决策参考。

一、研究背景和目的

近年来，随着快递、移动支付、智能仓储、大数据等技术的发展，新零售行业迅速崛起并成了市场的热点。而对于高职院校而言，培养具备新零售相关知识和技能的人才也成了一项紧迫的任务。因此，本次调研的目的在于了解全国高职院校新零售专业设置情况以及课程设计，为院校开设新零售专业提供参考和建议。

二、研究方法

本次调研采用了文献资料法和网络调查法两种研究方法。一是通过查阅相关文献和调查报告了解大部分高职院校的新零售专业设置和课程设计情况。二是通过在各大高职院校的官方网站和社交网站上收集各地新零售专业教师的讲解视频，以及从其他学者和业内人士处获得关于新零售市场趋势和就业前景方面的信息。

三、研究结果

（一）企业对新零售人才的需求

随着新零售概念的深入推广，越来越多的企业开始转型，对新零售人才需求量也在逐年攀升，如阿里巴巴、京东、美团等电商巨头以及华为、小米等智能手机厂商，都在逐渐向新零售领域转型并不断加大对人才的投入。企业对新零售人才的需求主要体现在以下几个方面。

1. 数据分析能力

企业需要新零售人才精通数据分析领域的各种技术，包括库存管理、销售数据分析、网店管理、物流及交易分析等，同时对数据的解释和挖掘也需相应掌握。随着企业的转型和产业的升级，对数据分析师的需求量也在不断增加。

2. 电商运营能力

随着电商平台的迅速发展，对电商运营人才的需求量不断攀升。企业需要的人才要有良好的电商平台管理经验、深入理解电子商务市场的运作方式，能够提供多元化的运营方案，同时需具备一定的文案能力和社交媒体运营能力。

3. 技术创新能力

在新零售领域，技术是竞争的重要优势之一。企业需要新零售人才掌握一定的技术创新能力，能够独立完成所有产品开发和维护工作。在新零售领域，智能化、无人化等方向的人才逐渐受到企业的重视。

4. 对消费者需求的了解

企业需要新零售人才了解消费者需求，掌握消费者心理和购物行为，能够从顾客的角度出发提出更优秀的服务方案。只有这样才能够站在顾客的角度出发，在竞争激烈的环境中获得优势。

总的来说，企业对新零售人才的需求量在不断增加，这也给高校提供了更多的机会和挑战，在专业课程的开设和教学方法的改进上应该更加注重实际需求，对人才进行更为精细化的培养。

(二)企业新零售人才岗位

新零售是指通过数字化工具和技术的应用,实现线上、线下以及社交媒体等多种渠道、多种形态、全渠道融合的升级版零售。随着新零售市场规模的不断扩大,企业的新零售岗位需求也越来越多,企业新零售人才岗位如表1所示。

表1 新零售人才岗位要求

岗位	主要职责	专业技能要求
新零售运营专员	负责电商平台、社交媒体、直播电商等渠道的运营。主要职责包括产品选品、商家招募、市场推广、用户运营等	一定的策划能力、用户分析能力和市场敏感度
新零售数据分析师	负责对企业的新零售业务进行数据分析,提取有用信息,帮助企业指导决策	强数据分析技术、逻辑思维能力和业务敏感度
新零售仓储专员	负责货物的仓储及物流配送	一定的仓储管理知识和物流专业技能
新零售售后服务专员	在售前、售中、售后等环节保障用户的安全性、可靠性和完整性。	极强的服务意识、责任心及团队协作能力

1. 新零售运营专员

新零售运营专员是企业新零售业务的核心人才之一,主要负责电商平台、社交媒体、直播电商等渠道的运营。其主要职责包括产品选品、商家招募、市场推广、用户运营等。运营专员需要具备一定的策划能力、用户分析能力和市场敏感度。

2. 新零售数据分析师

数据分析师是企业中非常重要的岗位之一,他们专门负责对企业的新零售业务进行数据分析,提取有用信息,帮助企业指导决策。数据分析师需要有较强数据分析技术、逻辑思维能力和业务敏感度。

3. 新零售仓储专员

随着新零售业务的不断扩大，企业对货物仓储及物流配送将越来越重视，这就需要招聘一些仓储物流专业人才为企业服务。新零售仓储专员需要具备一定的仓储管理知识和物流专业技能。

4. 新零售售后服务专员

新零售售后服务专员是企业中的重要岗位之一，负责在售前、售中、售后等环节保障用户在使用过程中的安全性、可靠性和完整性。新零售售后服务专员需要极强的服务意识、责任心及团队协作能力。

(三) 高职学校新零售相关专业设置情况

1. 新零售专业设置情况

调研结果显示，目前全国共有 100 余所高职院校设有新零售相关专业和课程。以省级层面而言，新零售专业设置集中在长三角和珠三角地区以及北部沿海省份和中西部城市。这些地区新零售市场规模大，商业景气度高，企业对新零售人才需求量大，因此，高职院校相继在这些地区开设新零售专业，如上海电机学院、杭州万向职业技术学院、广东工贸职业技术学院、江西工业职业技术学院、江苏信息职业技术学院等，高职学校新零售相关专业设置情况，如表 2 所示。

表 2 高职学校新零售相关专业设置情况

院校	所在地区	专业设置情况
上海电机学院	上海	新零售运营管理
杭州万向职业技术学院	浙江	新零售管理专业
广东工贸职业技术学院	广东	新零售管理
江西工业职业技术学院	江西	新零售管理
江苏信息职业技术学院	江苏	新零售电商运营

2. 新零售专业课程设计情况

由于新零售是一个新兴的行业，而且发展极为迅速，并没有一个固定的课程体系。因此，新零售专业目前的课程设置多以市场需求为导向，主要包括营销管理、电商运营、社交营销、数据分析、供应链管理、售后服务等方面的课程，新零售专业课程设计情况如表3所示。其中，电商运营、互联网营销等属于基础课程，提供电商企业的运营管理和营销策略相关内容；而数据分析、供应链管理等则属于教学实践型课程，重点让学生学会运用先进的科技手段，了解新零售行业的最新发展趋势。而针对学生的专业实践能力培养，高职院校在新零售实践环节的教学上也格外重视。许多高职院校会利用师资和资源优势，与企业开展联合实践课程、实训基地建设等，让学生接触到更多的行业真实环境，提升学生的实际操作和解决实际问题的能力。例如，南通职业大学设立了南通和澳大利亚 Python 创新学院，开设了多个数字化商业产品实践课程；蚌埠职业技术学院实现了五大类27个校内实验室、20个品牌企业联合实验室和4个众创空间的合作利用。

表3 新零售专业课程设计情况

专业课程	内容
营销管理	包括电商运营、互联网营销等
数据分析	运用大数据进行分析
供应链管理	新零售信息化物流管理
售后服务	在售前、售中和售后过程确保消费者权益

（四）高职院校新零售相关专业设置意义

新零售是近年来兴起的一种全新的零售模式，以消费者为中心，借助互联网、大数据、物联网等先进技术，以提高消费者体验、提高超市效率和降低成本为目标，打造智慧型、便捷型、个性化、再造型零售商超市体验。新零售的兴起对零售行业和人才的需求提出了更高的要求，学校开设新零售相关专业的意义十分重要。

1. 为新零售行业提供人才保障

开设新零售相关专业能够培养具备新零售知识和技能的专业人才，建立新零售人才培养体系，为新零售行业发展提供人才保障。新零售领域需要专业人才来掌握先进的零售技能和技术，如大数据分析、供应链管理、智能化仓储、移动支付等，这些技能对于普通企业员工和普通客户是不熟悉的。开设新零售相关专业能够让学生在校期间，就能够了解到新零售的操作系统、技术和理念，从而快速适应市场需要。

2. 为学生就业提供更多的选择

新零售领域发展迅速，学校开设新零售相关专业能够让学生学习最新的技术和最热门的职业，为学生就业提供更多的选择。新零售行业正在飞速发展，新零售应用越来越多地出现在生活场景中。如何将新零售技术和业务与传统零售结合？如何在新零售行业中获得竞争优势？这些都需要大量的专业人才。开设新零售专业能够让学生了解到最新的技术和理念，并掌握新零售经营策略和运营模式，提高新零售企业的竞争力和市场前景。

3. 培养学生的创新意识和实践操作能力

以学生的实际情况和兴趣为出发点，学校开设新零售相关专业可以更好地激发学生学习的兴趣，培养学生的创新意识和实践操作能力。学生选择学习新零售专业，自然有一定的兴趣和了解，学习新零售相关课程，能够更好地开发学生的潜力和激发学生的创新能力，培养学生的实践操作能力和创造能力。在学习新零售课程的过程中，学生能够深入了解新零售行业的发展和应用，从而更好的掌握新商业模式的本质特点，学习如何转化新零售的消费理念和行为，同时，设计和建造一个真实的新零售店面。这将促进学生的实践操作能力，激发学生的实践能力和团队合作能力。

（五）新零售专业群定位

当前，新零售专业群可定位于商科类专业中，可分为两大方向：一是新零售的营销与销售方向；二是新零售的数据分析与运营方向。在营销与销售方向中，主要涉及市场营销、销售管理、电商运营、客户关系管理、品牌及门店管理等方面，旨在培养掌握新零售营销策略、销售技巧、数据分析以及用户研究和体验设计等方面的人才。通过掌握市场行情，了解顾客需求，制定并实施合适的营销策略和品牌建设方案，提高品牌知名度和美誉度。同时，也能够掌握电商平台的操作技巧，深入了解线上定位，制定正确的电商营销策略，提高网店运营能力和互联网销售技能，为企业的销售业绩贡献力量。在数据分析与运营方向中，主要涉及数据分析、运营管理、信息系统设计、供应链管理等方面，培养掌握商业数学、统计学、计算机科学等知识的人才。通过掌握和运用数据采集、清洗、分析和可视化等技术，提供精准可靠的数据支持。同时掌握物联网与人工智能等新兴科技，打破传统商业极限，优化供应链及管理过程。

（六）新零售人才培养目标

新零售是一项正在快速发展的行业，它旨在将线上与线下结合起来，为消费者提供一种更加便捷、高效、个性化的购物体验。因此，新零售专业的培养目标应紧紧围绕着新零售行业的发展趋势和人才需求展开。

1. 新零售专业的培养应该重点注重培养学生的创新能力和创业精神

新零售行业的核心在于创新和创业，只有具备创新能力和创业精神的人才才能快速适应市场的快速变化，构建具有竞争力的新零售体系。因此，在专业的培养中，学生应该培养创新思维，学会创意产生和创新实践，在考试中强化分析和解决问题的能力，在实践中进行市场调研，了解用户需求，为新零售行业注入更多的创新思想。

2. 新零售专业的培养应该注重培养学生的数据分析与优化能力

新零售行业数据量大，学生应该学会使用各类数据分析工具，并学会如何对数据进行优化和分析，以 get 更加精准的数据策略，落地更加实际的数据应用，构建更加优秀的新零售业务模式。因此，在专业的培养中，学生应该掌握基本数据分析方法，并能够熟练运用各类数据分析工具，进行大量的数据驱动分析，为企业提供更好的数据支撑。

3. 新零售专业的培养应该注重培养学生的团队协作和沟通能力

新零售行业涉及许多岗位，每个岗位都需要有一支高效的团队，所以专业需要培养学生的团队协作和沟通能力，在实践中团队合作中获得能力提升，了解市场需求，构建专业能力，达到异质化的结构化。

总之，新零售专业的培养目标应该是围绕市场需求和行业发展趋势展开，培养学生成为能够适应行业需要的人才。这些人才应该具有创新能力和创业精神、数据分析与优化能力，以及团队协作和沟通能力，为企业的发展提供更加专业化、全面性、效率化方案，为这个行业的繁荣发展注入新的生命力。

四、新零售专业下一步发展趋势

新零售是当前国内外商界关注和发展的热点，它以更加智慧、更加便捷、更加个性化的购物方式，为消费者带来全新的消费体验。面对市场的机遇和挑战，新零售专业的发展趋势受到越来越多的关注。

1. 打通线上线下，实现全渠道营销

新零售的核心在于线上线下的融合，将传统实体店、电商平台和新零售互联网平台进行无缝连接，为消费者提供无缝的购物体验。专业在这个方向上的开发，可以促进整个行业的进一步推进。在下一步发展中，新零售专业应该注重打通线上和线下的销售渠道，从而实现全渠道营销。同时还应加强对大数据的分析，以便深挖用户需求并根据用户反馈优化服务。

2. 注重人才培养，提高专业素质

新零售行业的快速发展需要专业的人才支持，特别是具备先进技术和创新能力的人才。下一步发展中，新零售专业应识别这个市场需求竞争的迅速和趋势，注重培养更多有专业素养、领先于行业的新零售人才。在此基础之上，加强学生的实践能力、创新意识和团队合作能力；加强以市场为导向的课程设置、实战化操作培训、企业实践等多种课程内容，使学生能够在实践中磨炼自己、成为实干家、能够推动企业创新技术与商业模式等等的竞争力。

3. 加强产品品牌化，打造高端品牌

针对现在市场行业的竞争挑战，新零售企业必须加强客户观点营销，发挥产品品牌的优势，建立和提高品牌价值。新零售企业要做到品牌快速发展，除了注重产品创新和技术研发之外，也应该注重市场营销，打造高端产品品牌。专业在培养学生的同时，创造更多的企业合作机会，鼓励学生运用高端技术和创意将创新成果转化为市场化、品牌化的高端产品和服务，并进一步推广宣传；同时注重学生的网络营销和社交媒体行销等多种知识技能的学习，把全方位市场营销策略推向更高层次。

4. 突出绿色、可持续发展

随着社会环境变得越来越复杂，绿色环保、可持续性发展已成为新零售行业重要议题。这要求新零售专业注重绿色、可持续发展，采用绿色方案和可持续战略，注重环保、节能和资源优化。专业在课程设置和实践活动中要重视绿色理念的体现，利用创新技术解决环保领域的难题，鼓励学生关注环保和绿色消费等具有社会责任意识的主题。

5. 结论与建议

本次调研发现，虽然当前新零售专业设置还不是很普遍，但各高校普遍注重新零售课程的开设。在课程设计中，实践性强、专业性强、与行业联系紧密是新零售课程的主要特点。建议高校在新零售课程设置方面，更加注重行业发展趋势和人才培养需求，进一步完善课程设计，提高学生的实际操作能力和适应未来零售行业发展的能力。同时，建议行业企业与高校加强合作，共同推动新零售专业的发展。

参考文献

[1] 邰昌宝. 新零售[M]. 北京:台海出版社,2017.

[2] 朱鹏虎. 新零售革命[M]. 北京:华夏出版社,2017.

[3] 杜凤林. 新零售打破渠道的边界[M]. 广州:广东经济出版社,2017.

[4] 陈德基,陈有斌. 新农人新零售新思路[M]. 南宁:广西科学技术出版社,2017.

[5] 王先庆. 新零售:零售行业的新变革与新机遇[M]. 北京:中国经济出版社,2017.

[6] 水木然,廖永胜. 新零售时代未来零售业的新业态[M]. 北京:机械工业出版社,2017.

[7] 王利阳. 社区新零售[M]. 北京:人民邮电出版社,2017.

[8] 李正波;邱琼. 电子商务与新零售研究[M]. 北京:中国人民大学出版社,2017.

[9] 朱友军. 消费生态重构新零售的终极法则[M]. 北京:机械工业出版社,2017.

[10] 管荣伟. 新零售时代服装品牌营销研究[M]. 徐州:中国矿业大学出版社,2017.

[11] 寇长华. 新零售背景下连锁专业人才培养研究[M]. 北京:科学出版社,2017.

[12] 欧阳驹. 新零售时代的电子商务管理与创新研究[M]. 北京:中国水利水电出版社,2017.

[13] 王大国. 新零售[M]. 天津:天津人民出版社,2018.

[14] 刘润. 新零售[M]. 北京:中信出版社,2018.

[15] 陈欢,陈澄波. 新零售进化论[M]. 北京:中信出版社,2018.

[16] 侯韶图. 新零售时代的智能营销[M]. 北京:中华工商联合出版

社,2018.

[17] 周永庆,吴礼勇.新零售打造商业新生态[M].北京:中国铁道出版社,2018.

[18] 王先庆,彭雷清,曹富生.全渠道零售:新零售时代的渠道跨界与融合[M].北京:中国经济出版社,2018.

[19] 吉洪江.零售风口:关于新零售、新思维、新店面[M].北京:中国书籍出版社,2018.

[20] 马慧民,高歌.智能新零售数据智能时代的零售业变革[M].北京:中国铁道出版社,2018.

[21] 杜凤林.新零售实践智能商业时代的零售进阶路径[M].北京:中国纺织出版社,2018.

[22] 刘国华,苏勇.新零售时代打造电商与实体店融合的新生态[M].北京:企业管理出版社,2018.

[23] 张爱林.新零售3.0[M].中国财富出版社,2019.

[24] 周高云,齐建朋,方水耀.共享新零售[M].北京:中国商业出版社,2019.

[25] 陈登罕.另类触觉创新科技新零售[M].广州:华南理工大学出版社,2019.

[26] 黄润霖.新经销新零售时代,教你做大商[M].北京:中国青年出版社,2019.

[27] 王先庆.新物流新零售时代的供应链变革与机遇[M].北京:中国经济出版社,2019.

[28] 周宏明,袁啸云.小数据战略新零售时代如何重构用户关系[M].北京:中国经济出版社,2019.

[29] 唐磊.重构新零售后电商时代家居经销商企业转型战略[M].广州:广东旅游出版社,2019.

[30] 汪朝林.智慧新零售实体店零成本赋能实战技法[M].深圳:海天出版社,2019.